ルポ
税金地獄

朝日新聞経済部

文春新書

1121

プロローグ　老人地獄の次は税金地獄がやってくる

給料の三割以上を取られる不条理

お手元に給料明細があったら見てほしい。あなたの給料の額面と税金などを引かれた後、手取り収入がどのくらい残っているか。家族の状況などにもよるが、年収七百万円のサラリーマンだと実際の手取りは七割程度で、一千五百万円だと六割程度しか残らない（図1参照）。所得税、住民税、年金、医療、介護などと、項目は分かれているが、われわれはこんなに負担させられているのかと、あらためて驚くはずだ。

しかも、これは天引きされている税金や保険料だけの話だ。買い物をするたびに八％の消費税を取られ、中にはビールなどの酒、たばこ、自動車やガソリンなど、商品の値段に含まれていて二重に払う税金もある。持ち家があれば固定資産税も払う。こんなに負担をしているのに、国と地方の借金は一千兆円を超えた。

いまでさえ大変なのに、戦後生まれの団塊世代が七十五歳を超えて「後期高齢者」になる二〇二五年以降はもっと負担が増える。後期高齢者の一人当たりの医療費は六十五〜七十四歳の一・六倍、介護費は九倍かかっている。いまのままでは、年金なども含めた二五年度の社会保障給付費は、一四年度の一・三倍の百四十八兆円に達すると推計されている。総務省の一五年調査では、勤労者世帯が払う年金や医療、介護などの社会保険料の月平均額は約五万一千円で、十年前より九千円近く増えた。実収入に対する割合は九%から一一%に上昇し、すでに家計を圧迫している。それでも、社会保障給付費の伸びには追いつかず、足りない分は税金による公費で賄っている。その公費の多くは借金で、将来世代に負担をつけ回ししている。

一七年度からは、社会保障費の増加を抑えるため、一定以上の所得がある高齢者に負担増を求めていく。医療では七十歳以上の人が窓口で払う自己負担を増やす。介護保険は一五年夏にサービスを利用する時の自己負担割合を一割から二割に上げたばかりだが、さらに三割に引き上げる。現役世代にしてみれば、税や保険料の負担は増えているのに、自分たちが使う番になったら医療や介護の自己負担はいま以上に増える心配がある。

朝日新聞経済部は経済面などでの連載をもとに『ルポ　老人地獄』（文春新書）を二〇一

図１　日本人の年収と負担

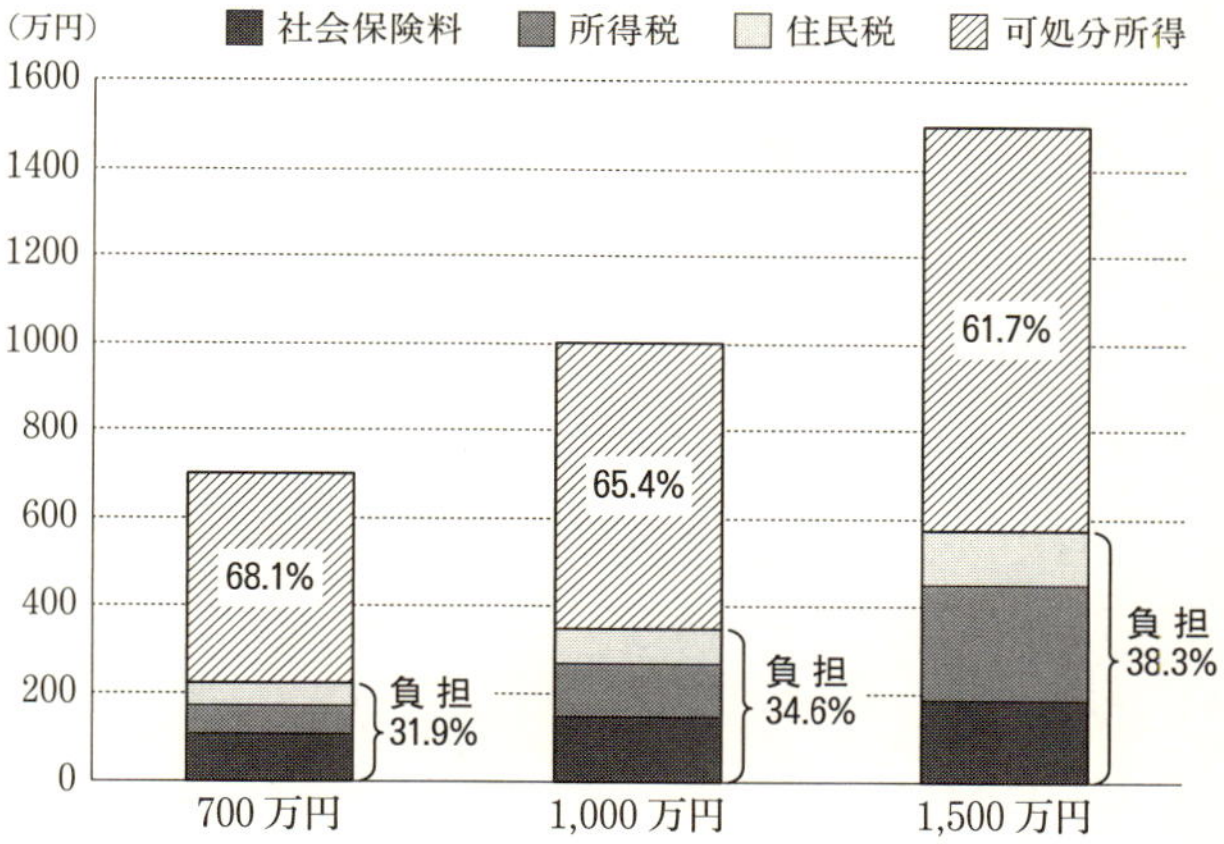

注）住宅ローンなどがないサラリーマンで、専業主婦の妻と中学生までの子供がいる場合

五年十二月に出版し、高齢化の苦労は遠い将来のことではなく、すでに劣悪な環境で暮らす老人たちが多いことを伝えた。

高齢化社会を支えるには財源が必要だ。そのため、日本人の税負担は必然的に重くなる。

そこで我々は引き続き、「にっぽんの負担」という連載を二〇一五年八月から一年間にわたって続けたが、そこで見えてきたのは、富裕層や大企業には税金を逃れるための様々な抜け道があるのに、サラリーマンや非正規労働者には逃げ道が少なく、増え続ける負担に押しつぶされかねない状況にあることだった。

節税に狂奔する富裕層、ますます取られる低所得層

わかりやすいのは「ふるさと納税」だ。自分が選んだ自治体に寄付をすると、寄付額の半分ぐらいする豪華な「返礼品」が届くことから人気になっている。富裕層であれば、百万円を寄付しても二千円を差し引いた九十九万八千円が所得税と住民税から戻る。

例えば、宮崎県都城市は百万円の寄付で焼酎「黒霧島」の一升瓶が三百六十五本もらえる。しかし、百万円を寄付するには、サラリーマンだと年収三千万円ぐらいの人でないと不可能だ。戻る額には限度があるので、貧しい人にはふるさと納税のメリットはほとんどない。

贈与税や相続税には、さまざまな特例措置や抜け道がある。朝日新聞がタワーマンション（タワマン）を買って節税する人がいることを記事にしたところ、国税庁はすぐに対策を打ち出した。これは関係者の間では知られた話だったが、話題になったので無視できなくなったのだろう。おまけに、その対策は場当たり的で大きな効果は期待できない。安倍晋三政権は法人税を大幅に下げたので、資産がある人は会社を作って節税することもでき

図2　所得別の世帯分布（再分配ベース）

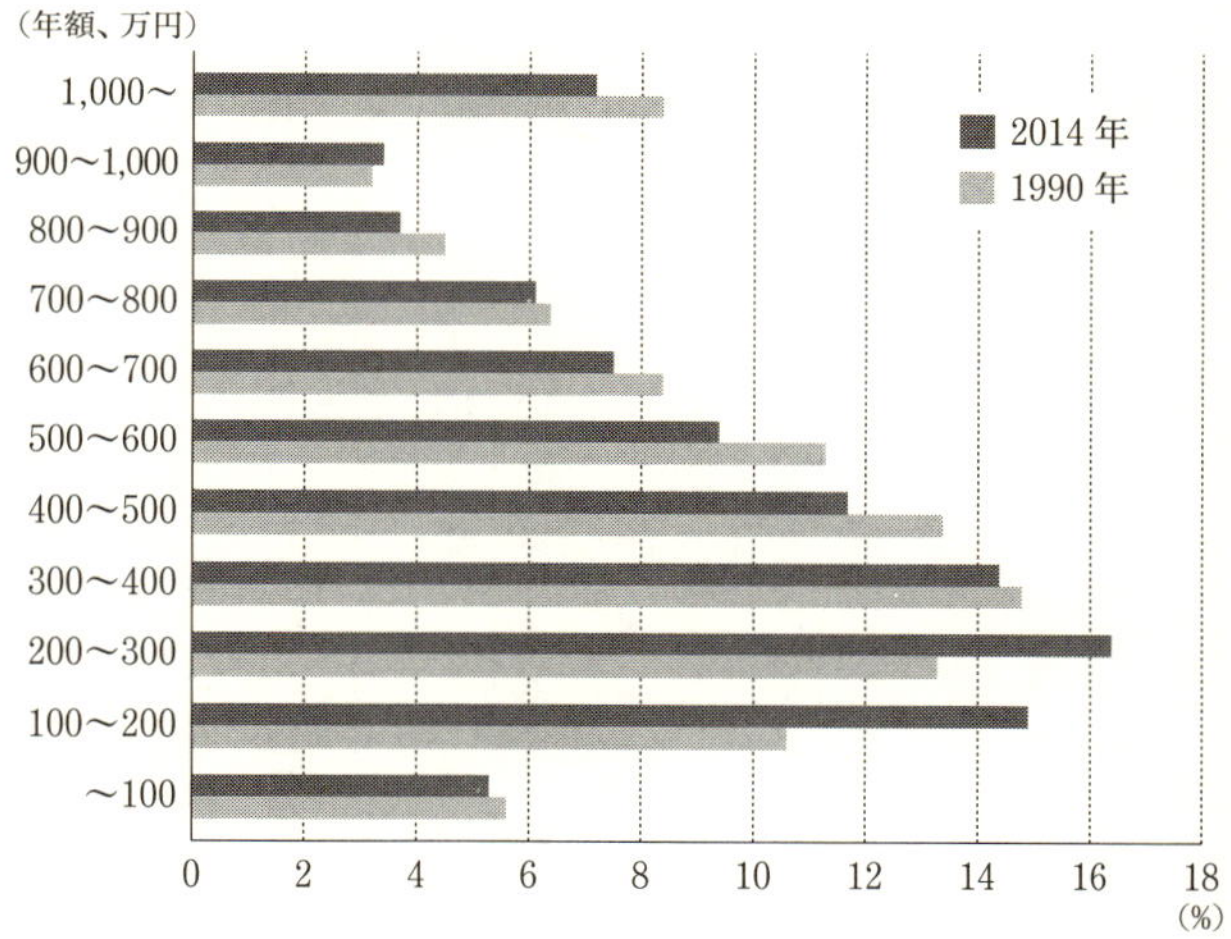

る。日本の負担が重いと感じれば海外に逃げ出して負担を下げることもできる。豊かな家に生まれた子供は富を受け継ぎ、貧しい家の子供がそこから抜け出すのは難しい。

国は税や社会保険料を集めて、困っている人に「再分配」をする。経済活動による所得の偏りを修正するためだ。日本の高度成長期からバブル期にかけては、「一億総中流」と言われるぐらい格差を意識することが少ない社会だった。ところが、バブル崩壊から二十年余りがたち、再分配をした後の年間所得の世帯分布を見ると、ボリュームゾーンは三百万円台から二百万円台に下がり、厚みも増している（図2参照）。

こうした低所得層には市区町村民税と都道府県民税を合わせた住民税の負担が重みを増している。

〇七年度から、所得がある人にはその多寡に関係なく年間で計四千円がかかる。さらに、一四年度からは、所得税の東日本大震災の復興特別税（二・一％）の上乗せとは別に、防災対策の財源として千円が上乗せされて計五千円になった。加えて、地球環境保護の財源として五百〜千円の負担を上乗せする構想もある。

住民税は所得に応じて五〜一三％の税率の違いがあったが、〇七年度に所得が高い人も低い人も一〇％に統一された。同時に、国が集める所得税は低所得層で五％に下がり、比較的高所得の層でそれまでより三％分上乗せされた。国民が払う所得税と住民税を合わせた負担は変わらないが、国と地方の取り分が変わり、高所得者の税金は国がより多く、低所得者の税金は自治体がより多く集めることになった。低所得者の数のほうが多いので、国から地方に移す「税源移譲」が行われたとされる。小泉政権の時に話題になった地方分権と税源移譲などの「三位一体改革」の一環だが、地方自治体は国から補助金や地方交付税を受ける代わりに自分で集める必要が増している。

企業に目を転じれば、大企業には様々な節税対策が認められており、国境を越えて動き回ることができるので税負担を軽くする方法がある。また、中小事業者は所得の把握が難しいため、やろうと思えば抜け道がある。

ところが、低所得層が住民税や国民健康保険税を滞納すると、生活費や事業資金を差し押さえてでも取り立てようとする動きが一部の自治体で強くなっている。高齢化で国民健康保険の財政運営が厳しくなり、税源移譲で税収確保に躍起になっているためだ。

このままでは、いま以上に「税金地獄」は厳しくなる。本書では、厳しい現実とともに、それを少しでも緩和する手立てはないのかを探った。

松浦　新

目次

ルポ　税金地獄

プロローグ　老人地獄の次は税金地獄がやってくる　3
給料の三割以上を取られる不条理／節税に狂奔する富裕層、ますます取られる低所得層

第一章　税金を払わない富裕層　17
ある資産家の告白／節税で子に資産、「非国民」か？／合同会社設立で節税／現金取引なら把握されない／富裕層の「天国への階段」／タワマンを使って無税で相続／時価十億円を二億円に圧縮／課税見直しでも焼け石に水／税回避の国外移住といたちごっこ／「出国税」導入前に日本脱出／「富める者には息苦しい日本」／タックスヘイブンで納税額は四分の一に／日本からケイマンに逃げた七十四兆円／ふるさと納税は〝日本のタックスヘイブン〟／「事実上のネット通販」で高級品販売／過熱する返礼品競争／上位十自治体に二割の「黒字」が集中／世田谷なら保育所が二つできるのに／「節税ブーム」で固定化する格差／延べ棒小分け、分割贈与／相続税対策「孫を養子に」／教育資金贈与が一兆円超え／孤立無援、自分の奨学金返済まで

第二章　重税にあえぐ中・低所得者層　63

消費税が法人税、所得税に並んだ／小売り業者は消費税を納められるのか／「頼りは妻の年金」でもやめられない／増える滞納、追い詰められる中小企業／したたかな町工場の経営者にも誤算／社会保険料という名の「人頭税」／制度を知らず、手遅れも／低所得者に重くのしかかる保険料／突然の「差押」で預金がゼロに／分納の約束を反故にした横浜市／「何で払わない」客の前で詰問／大病院ほど苦しい「損税」とは／存続の危機に立つ中小病院も／「非課税」と「免税」で大差

第三章　固定資産税というブラックボックス　99

市町村のドル箱「固定資産税」／子々孫々まで続く「死亡者課税」／名ばかりの「相続人代表者」／相続放棄で荒れる山村／バブル「リゾートマンション」の現在／投げ売りなのに固定資産税が高いまま／一万円でも売れない／修繕積立金を狙う闇の勢力？／「売れない、貸せない」でも増税／課税額の計算ミスが頻発／計算ミスで自宅を競売されてしまう／固定資産税、課税ミス四十年／間違い探しが「ビジネス」に／取り過ぎた分を返金しない自治体／土地評価変更、開示せぬ内規／シャッター商店街を苦しめる固定

資産税／評価基準が時代遅れ／閉店から十年以上たっても固定資産税／公示地価の闇

第四章　税の権力　誰が税を決めるのか？　145
企業減税で恩恵を受けるのは超大企業／安倍首相返り咲き、一気に再拡充／税収増は家計の負担で／官邸に移る「税の権力」／秘書からの電話、未明の文案修正／わかりやすさ横に置いての綱引き／年間最大百八十三億円、どよめく会議室／議員のパフォーマンス／自治体陳情「税収奪うな」／延長二十九回、経営の前提に／実績ゼロも十八項目

第五章　三世代同居、宗教、酒　減税天国の闇　177
誰のための「三世代同居減税」か？／安倍ブレーンが推進旗振り／「一億総活躍」首相の一声／同居希望者は男女とも二割前後／納骨堂、宗教かビジネスか／法人役員は葬儀社社長ら／税の優遇、各地で着目／森林環境税、是非置き去り／地球温暖化対策、導入検討に追い風／温対税「拡大」、産業界が壁／バイオマスで関係省が手打ち／ビールの攻防／酒税法すり抜け、税収が四割減少／ビール減税、色めく業界

第六章　税金地獄からの脱出　207

「救急車で運ばれたらなにもしないわけにはいかない」／回復見込めないいま続く「治療」／「胃ろうをひっこぬいてください」／ボランティアに期待して「要支援切り」／ボランティアも高齢化／「基準緩和」といいながら三割引き／公的介護保険に限界「頼りはお金」／訪問診療で「脱総合病院」／「自立」の動きに議会は反発／滞納を減らした岡山市の取り組みとは／「滞納はSOS」救済の手を／新手法で広がる寄付／企業巻き込む寄付つき商品／貧困連鎖を断つ学習支援に寄付を／社会貢献、小学生に授業／ふるさと納税でゆがむ「寄付」の理念／ベーシックインカム、あり？／韓国で実験「悲しいことに満足度高い」／国民投票、予想上回る賛成／「抜け道はいくらでもある」でいいのか

あとがき　公平な負担を求めて　251

本書に登場する人物の年齢や肩書、団体の名称などは、原則として取材した当時のままとした。

第一章　税金を払わない富裕層

ある資産家の告白

タックスヘイブン（租税回避地）を利用した税金逃れや資産隠しを暴露した「パナマ文書」が話題になった二〇一六年四月から六月にかけて、我々取材班の記者はタックスヘイブンでの会社設立や資産運用に携わって三十年近い五十代の男性コンサルタントを取材した。

男性が開いたパスポートには、その地を訪ねたことを示すスタンプがいくつも押されていた。そこには、英領ケイマン諸島にバミューダ、オランダ領セント・マーチン島といったタックスヘイブンがずらりと並んでいた。

男性は大学を出た後、日本の金融機関で働き、四十代でロンドンにあるコンサルティング会社に転職した。今は日本の会社に籍を置く。日本以外にもタイにマンションを持ち、日本が冬の間は主にそこで過ごす。タイ滞在中は、夫婦でもっぱらゴルフを楽しむ。日本のゴルフ場の会員権も複数持つが、国内では年に数えるほどしかプレーしない。タイなら自宅から郊外に三、四十分車を走らせれば、コースがいくつもある。年会費さえ払えば、一ラウンド数千円で存分にプレーできる。

取材の場所は男性の職場に近い東京都内の喫茶店だった。外見に派手さはなく、生真面目な公務員か研究者といった風情だ。パスポートのスタンプ以外に唯一、男性が裕福であることを想像させたのは、財布からおもむろに取り出したアメックスのブラックカードだった。ずしりと重みがあるチタン製の黒いカードは、運営するアメリカン・エキスプレス社側から招待された者だけが持つことが許され、富裕層の「証」とも言われる。

男性は、タックスヘイブンやパナマ文書に関するテレビやインターネット上の解説について、こう話した。

「したり顔で解説するコメンテーターや学者を見ると思いますよ。この中に、実際にタックスヘイブンを訪れたことのある人間がどれだけいるのか。そこで会社を設立・登記して、現地の法律事務所と折衝し、金融取引をした経験がある者が果たしてどれだけいるのかとね」

そう言うと、日本でいったん納めた税金を取り戻した自身の「戦歴」を語り始めた。タックスヘイブンのひとつ、英領ガーンジー島で信託の仕組みを使って一億円近い所得を得たときのことだ。日本の国税庁はこれに所得税を課した。だが彼は事前に日本の税法を研究し、「抜け穴」があることを知っていた。のちに、課税できないはずだとする男性の主張が認められた。脱税する意図はなく、税務調査にも進んで協力したという。

地球上のすべての国が同じ税法だったら課税逃れを防げるが、主権国家がそれぞれの法律で税を課している限り、どこの国の税法にも違反しない形で極めて低く税を抑えることは簡単にできる……彼はそう断言する。

「自由に人やモノ、カネ、そして情報が動くので、どんなに規制を厳しくしても追いかけきれません。世界には私以上に優秀な人間が山ほどいて、四六時中、税法の抜け穴探しをしてますから」

節税で子に資産、「非国民」か？

そして、パナマ文書が公開された影響について、何度も自信ありげに繰り返した。

「富裕層の税逃れを止めることは決してできません」

彼に節税意識が芽生えたのは二十代、まだサラリーマンだったころだ。結婚してすぐ、妻を社長に自らの資産管理会社を登記した。法人をつくれば経費が多く認められるなど、節税に有利だ。この会社名義で国内外の不動産に投資し、十億円規模の資産を築いた。

相続対策もぬかりない。不動産取引に使う金は個人名義で銀行から借り、資産管理会社に貸し付ける。その貸し付け債権を毎年約百万円分ずつ、妻や二人の子に生前贈与する。

年に百十万円までなら贈与税がかからない。こうしておけば、会社がお金を返す時に、その受け取り先は妻や子になる。

ただ、継続的に同じ額を贈与すると、まとめて贈与するものを分割しているだけだと税務署に判断されかねない。そこで贈与する日付を毎年、ランダムに変更する。今では子どもが結婚して、贈与先は子の妻や孫にまで増えている。自分が亡くなるころには、ほとんど課税されることなく財産を家族に移せるはずだという。

子育てには惜しみなくカネをつぎ込んできた。

「学歴、資格、キャリア。この三つがそろわなければ、社会で上位一％の人間になれない」

小さいころから子どもたちにそう言い聞かせた。

これからの時代は語学力が必須だと、英語塾や海外留学に早くから行かせた。アルバイトは一度もさせたことがない。多くの学生が苦労して学費や生活費を稼ぐ間に勉強させれば、差をつけられると考えたからだ。本人たちの努力もあって、二人とも有名私大の大学院まで進み、ひとりは弁護士、もうひとりは米国公認会計士になった。男性は、こう話す。

「ある意味で格差を利用させてもらいました。ずるいと思われるかもしれない。でも親が子どもにできる最大限のことをする。当然のことじゃないですか」

会社の元同僚からは、こんなことを言われたことがある。

「おまえは節税して財産を築いた非国民だ」

しかし、法に触れたことは一度もないと胸を張れる。サラリーマン時代から人並み以上に税を払ってきたつもりだ。会社での実務や独学を通して三十年近く、自分なりに税と真剣に向き合い、努力してきた自負もある。

「自分は本当に非国民なのだろうか」

合同会社設立で節税

個人の所得にかかる所得税の最高税率が二〇一五年から上がり、年間で四千万円を超える所得には四五％の税率がかかっている。所得税の最高税率は〇七年にも上がっており、年収一千八百万円を超える所得には四〇％がかかる。一方、安倍晋三政権の経済政策「アベノミクス」で法人実効税率は下がり、一六年度に二九・九七％と、二〇％台になった。

こうなると、収入を個人所得ではなく「法人所得」にしたほうが有利になる。その結果で増えたと見られているのが、株式会社より簡単に立ち上げられる「合同会社」だ。法務省によると、合同会社の設立数は一〇年の約七千二百社から、一五年は約二万二千二百社と、三・一倍に増えた。一六年も九月までに約一万八千社と、前年同期を千社以上上回っている。合同会社は〇六年にできた新しい会社形態で、少ないお金で設立でき、決算公告の義務もないため、ベンチャー向きとされる。だが、税理士の間では「節税に使う個人事業者が多い」とみられている。

東京二十三区内で五棟のアパートを経営する男性（65）もその一人だ。一五年春に合同会社をつくり、個人経営から法人経営に切り替えた。

男性の一四年の年収は家賃収入と年金で六千二百万円ほど。そこから清掃費などの経費をさし引いた「所得」に所得税がかかっていた。所得が多くなるほど所得税率は上がるので、男性の所得の一部には最高税率（当時）の四〇％が適用された。住民税などを含めた納税額は約七百五十万円にのぼった。

法人経営にすると、中小法人にあたる男性の会社の法人税率は二一％余で済む。自分や「社員」にした妻の給与、会社名義の生命保険なども経費にでき、法人としての納税額は九十万円足らず。夫婦の給与への所得税を加えても納税額は約三百三十万円。四百万円超の節税になる。所得税率と法人税率の「落差」に着目した節税といえる。民主党政権は、消費税を増税するのに合わせ、お金持ちにもより多く負担してもらおうと、所得税の最高税率を一五年から四五％に上げる方針を決めた。一方、安倍政権は企業の投資を呼び込みたいとして、法人税の税率を毎年度、引き下げている。高い所得税率が適用されるような富裕な個人事業者が、法人経営に乗り換える「法人成り」と呼ばれる節税手法は古くからあるが、安倍政権になってその「魅力」がさらに増しているのだ。

現金取引なら把握されない

大企業になると資金の出し入れは厳しく管理されているが、中小法人は個人経営と変わらない資金管理を続けることによって、当局の目をごまかすことができる。

東京都内でサービス業を営む四十代の男性経営者はこう話す。

「東南アジアであれば一千万円ぐらいなら、まずバレずに持ち出せますよ。洋服にくるんで一束（百万円）じゃあ、エックス線に通した時に目立ちますよね。だから、機内に本をたくさん持ち込むのです。本の間に札束をはさんでスーツケースに入れておけば、エックス線に映る時には本の固まりに見えます。あとは着ているジャケットに入れる。ぼくの場合は二束ずつ両方の胸ポケットに入れます」

持ち出した現金は、出国先の土地に投資し、一部はそこの銀行に預けている。いずれ本格的な不動産投資をはじめる予定だ。土地は、元の所有者の名義のまま変えていない。
「権利書は預かっているので、勝手に処分されることはありません。銀行預金は自分名義でも税務当局に把握されることはありません。いまでも五％の金利がつきますよ」マイナンバー（社会保障・税番号）のようなものはありませんから。

海外に持ち出すお金を国内で銀行に預けていれば、引き出した時に不自然な動きとして税務当局に目をつけられる可能性がある。その点を聞くと、この経営者は多額の現金を銀行に預けずに持っていた。そのため、会社でも家でも、あちこちに現金を隠しているという。まさにタンス預金だ。

現金での取引は、税金対策で威力を発揮する。消費税の場合、日本では売上高五千万円以下であれば、簡易課税が認められる。国などに納める消費税の計算は、売り上げで客から預かった消費税から、仕入れで払った消費税を引いて納める。そうしないと、同じ商品に二重三重に消費税がかかるためだ。簡易課税の場合、仕入れで支払った消費税を一定割合とみなした計算をすることが認められる。その割合は、飲食店や金融・保険業だと六割、小売業だと八割などと決まっている。

例えば飲食店だと、三千万円の売上高で二百四十万円の消費税を預かったとしても、仕入れのために払った消費税は実際の額に関係なく、百四十四万円として差し引いて、残りの九十六万円だけを納めればよい。あるいは客に現金で支払ってもらい、その売上高はなかったことにすれば、納めるべき消費税分はそっくり儲けになるし、利益も小さく申告することが可能になる。

ある経営者は、こっそり打ち明ける。

「商売相手が法人なら領収書を書かないといけないのでごまかせませんが、個人相手なら領収書が必要ない人もいます。現金で取引できる客がいれば、表向きの売上高を適当に調整できるので、利益にかかる法人税も、売り上げで預かった消費税の計算も、どうにでも調整できます」

こうした不正が可能なのは、商品の流通の段階で支払った消費税を記録していく「インボイス」が日本にまだ導入されていないことが大きい。

インボイスとは、例えば居酒屋が焼き鳥の材料の鶏肉や串、焼くための炭などを仕入れると、その時点で支払った代金と消費税が記録される。そうなれば、居酒屋が売上高をごまかそうとしても、仕入れ元にインボイスの記録があれば売上高をごまかすのは難しい。

仕入れ元の鶏肉業者が納入をごまかそうとしても、もともと仕入れた養鶏業者などに記録がある。仮に、鶏肉業者が不正に協力しても、串の仕入れ元の記録から売上高の矛盾をチェックできるかもしれない。こうして、各段階にインボイスの記録が残ることで、売上高や支払った消費税がごまかしにくくなる。

ヨーロッパなど消費税の先進国ではすでにインボイスは導入されているが、日本ではこの仕組みがないために、不正の温床となっているのである。

富裕層の「天国への階段」

新宿や六本木、品川にそびえ立つタワーマンション（タワマン）は、高層階に行くほど高価である。高層階は眺望がよいだけでなく、面積も広い。高層階と低層階ではエレベーターも異なり、住民の中でも「階層」による格差を意識させる造りになっている。

上層階に住んでいるのは、いったいどのような人たちなのか。東京都心にあって、約五千万〜五億円で分譲された約四十階建ての高級タワマンの登記を調べてみた。全体で約六百戸だが、最上階には七戸しかない。その五戸は株式会社の所有で、うち四戸は二十八階にも二戸を所有する同じ会社の名義になっていた。そのうち、最上階の約百五十〜百七十

㎡の三戸には、二〇一一年十二月に、それぞれ二億三千万～二億九千万円の抵当権が設定され、銀行が年利一・九二五％で貸したことが記されている。それ以上の値段で買ったということだ。

個人が所有する部屋は二戸しかなく、しかも住所をその部屋に置いているのは一人だけだった。上から二番目のフロアには十戸あるが、住所を置いているのは三戸だけだ。あとはタックスヘイブンで有名な英領バージン諸島が住所になっている会社、台湾在住の個人、大阪府の会社などが買っている。上から三番目のフロアは、十戸のうち六戸がここに住所を置いている個人のものだったが、中国遼寧省に本部を置く企業の日本法人も二戸を持っていた。この日本法人は、このマンションに計十三戸を持っていた。

こうして全体の約一割にあたる上層階六十二戸を調べたところ、住所を移している個人所有者は十八戸だった。また外国に住所がある個人は台湾が七人、香港が三人、シンガポールが二人だった。バージン諸島の会社はもう一社別に保有していた。

都心のタワマンが富裕層に人気なのは、投資対象として魅力的だからというだけではない。じつはタワマンは彼らの「相続税対策」、つまり合法的に税金を逃れるツールとして、非常に有効だからである。

タワマンを使って無税で相続

関西の食品会社の元経営者の男性（60代）は、タワマンを活用し、課税されずに六億円の資産を息子に渡すことに成功した。

二〇一二年、男性は親の代から続く企業を同業者に売り、手元に十億円の現金が入った。そのうち六億円を息子（40代）に譲ろうと考えたが、銀行から「現金で譲ると三億円以上の贈与税がかかる」と聞かされ、あきらめていた。ところが、ある税理士にそんな悩みを相談したところ、こう言われたのだ。

「その六億円、税金ゼロで息子さんに譲る方法がありますよ」

税理士のプランはこうだった。

まず、父親が贈与したい六億円を出資して株式会社をつくる。その会社が銀行から四億円を借りて、計十億円で六本木や赤坂といった人気が高い地域にあるタワマンの高層階の部屋を五つ買って人に貸す。そのうえで、息子に会社の株式を贈与する。贈与を受けた息子は時価十億円のタワマンの実質的なオーナーだが、現金ならばかかるはずの贈与税はかからなかった。

父から息子へ、なぜ無税で財産を渡せたのか。担当した税理士はこう明かす。

「まず、不動産にすると、贈与税や相続税を計算する際のもとになる物件の評価額が時価を大きく下回ります。しかもタワマンを使うことで、その仕組みを最大限に利用することができるのです」

現金十億円で時価十億円の不動産を買うと、贈与税を計算する時の評価額は大きく下がる。これは、現金と違って不動産の価格が変動しやすいことなどを踏まえた措置だ。贈与財産の場合、通常でも建物の評価額は四〜六割に下がり、土地は都市部だと時価の八割を下回る。

時価十億円を二億円に圧縮

タワマンは、この評価額が下がる仕組みを有効に活用することができる。マンションは、比較的評価が下がらない土地を居住者で分け合うので、建物の評価減の恩恵を受けやすい。とりわけ土地を有効利用する超高層のタワマンは、贈与や相続の対象となる財産に占める土地の割合が低くなりやすい。加えて、贈与税や相続税を計算する際の建物の評価額は、同じ面積であれば高層階でも低層階でも変わらない。

その評価額には、固定資産税の評価が使われる。それは、同じ建物を建て直したらいくらかかるか（再建築価格）を、総務省が決めた建材の価格などをもとに計算する。マンションは、全体の再建築価格を出したうえで、所有者の部屋の広さに応じて配分する。この方法では、部屋が高層階にあるか低層階にあるかは考慮されないので、高層階は実際の取引価格から見ると固定資産税も贈与税も割安になる。さらに物件を賃貸に回すと、所有者が自由に処分することが難しいと判断されることなどから、評価額はさらに下がる。

こうした二重三重の「評価額圧縮効果」で、この父子の場合、時価十億円の物件を、贈与財産の評価額としては二億円まで圧縮できた。その二億円にも税金がかからないようにする仕掛けが、株式で資産を渡すことだ。

物件を持つ会社は銀行から四億円を借りた。保有する物件の評価額（二億円）より借金が多い債務超過の状態なので、その会社の株式は、贈与財産としての評価額ではゼロになる。通常、債務超過の会社は、経営がうまくいっていないと見られる。ということは、その会社の株式が親から子に贈与されても、税金の世界では無価値なので贈与税はかからないというわけだ。

ところが、このタワマンを現実の取引で売却しようと思えば十億円の価値がある。息子はそのまま不動産オーナーでいてもいいし、時価の十億円で売れれば、銀行にお金を返しても六億円近い現金を手にできる。物件価格が下がるリスクはあるものの、父親は「まるで錬金術。親も子も救われました」と振り返る。

課税見直しでも焼け石に水

この「タワマン節税」を、朝日新聞経済面の連載「にっぽんの負担」で紹介したところ、大きな反響があった。折しも、二〇一五年から相続税の課税対象が広がり、相続税や贈与税に関心を持つ人が増えていたこともあり、経済誌などが次々にこれを取り上げた。

タワマン節税は税制と現実のずれを巧みに利用するもので、一部の関係者の間では知られていた。しかし、富裕層しか利用できない不公平な節税方法が注目されて、国税庁も対策に乗り出さざるを得なくなった。朝日新聞の記事が出てまもなく、国税庁はこうした相続税、贈与税の対策に注意するよう、全国の税務署に指示を出した。

次いで政府は一八年度から、タワマン節税を封じるため、固定資産の評価方法を変えることにした。タワマンについては低層階の固定資産評価額を下げ、高層階の評価を上げることにしたのだ。対象となるのは高さ六十メートルを超えるマンションで、四十階建ての場合は最上階の固定資産評価が五％上がり、一階の評価額が五％下がる。四十階は一階の一割増し程度の税金を払うことになる。マンション全体の固定資産税総額は変わらないように設定するため、マンションの階数に応じて評価額の増減率も変わる。

しかし、これではまだ焼け石に水である。確かに、タワマンの中で少しは不平等が解消されるが、低層階と高層階の実際の価格差は一割程度などというレベルではない。国税庁が一一～一三年のタワマンの売買実例を調べたところ、三百四十三件の平均で実際の販売価格が、相続税や贈与税の評価額の三倍を超えていた。高層階はそれ以上に高く販売されているということだ。節税がねらいであることが露骨な場合は課税をすることができるとはいえ、多くの関係者は今回の対策でタワマン節税を防ぐことは難しいと見ている。

税回避の国外移住といたちごっこ

低所得者層の重税感が増す一方で、お金持ちは税金が安い国に移住したり、資産を海外に移したりして、負担を減らすためにあの手この手を使う。そこに課税の「網」をかけようとする税務当局との間でいたちごっこが続いている。

外務省によると、二〇一四年にシンガポールで永住権を認められた日本人は二千二百五十人。一九九九年の二・五倍だ。香港は二千五百二十一人で九九年の四倍になった。どちらも相続や株の売却益に課税がない国だ。世界各地で企業や投資を呼び込もうと国レベルの税率引き下げ競争が盛んだ。

日本も法人税率を下げているが、国の借金は膨らみ続け、働き手の人口は減るばかり。ヒト、モノ、カネが自由に行き交う時代に日本の「重税感」が強まれば、起業家や資産家らに日本脱出のきっかけを与え、経済の活力を失わせかねないだけに悩ましい。

「出国税」導入前に日本脱出

二〇一五年六月末、中部地方に住んでいた五十代の投資家の男性が中部国際空港からタイに向けて飛び立った。「出国税」と呼ばれる新たな課税が七月から始まるのを前に、六月中に日本を出ようと決めていた。

新たな課税は「国外転出時課税制度」。株などの資産を一億円以上持っている人が海外に移り住む際、株などを売却していなくても、国外に出た時点で売却したとみなし、株に「含み益」があれば所得税を課す。税金が安い国に移り住む富裕層が後を絶たないため、出国時の「水際」で課税しようというものだ。

男性はかつてのＩＴバブルや最近の株高などで財産を築き、いまは主に海外のファンドに投資している。「いずれ余生は海外で」とのんびり構えていたが、一四年末、出国税の七月導入が決まったと知った。日本では、一五年から所得税の最高税率が上がり、相続税も増税された。マイナンバー制度も始まる。

「この国は、国民の資産をすべてガラス張りにしようとしている。この流れに個人で抵抗しようと思えば、国を出るしかない」。男性は「日本脱出」を決意した。

まず考えた移住先は、日本より総じて税金が安いマレーシアだ。一定の収入があり、現地の銀行に一定額を預金すれば十年まで滞在でき、移民局が認めれば更新も可能な「ＭＭ２Ｈ（マレーシア・マイ・セカンド・ホーム）」というビザも取得できる。一〇年代に入って、日本からの申請が増え、取得数は毎年四百を超える。男性も一五年二月に申請したが、審査に時間がかかったため、当面の移住先を急きょタイに変更した。長期滞在のビザを取得し、バンコク市内の高層コンドミニアムに住むことにした。

タイに住んで約三カ月。同居する家族はいない。現地の暑さや辛い料理には慣れないが、日本のテレビ番組はリアルタイムで見られるし、近くのスーパーで日本の食材も手に入る。ゆくゆくは、どの国からも極力課税されない「永遠の旅人」となって、タイやマレーシア、フィリピンを渡り歩くつもりでいる。

「富める者には息苦しい日本」

都内の七十代の投資家の男性は二〇一六年、スイスに移住した。目的は相続税対策だ。保有する財産は株式、投資信託など、国内外にざっと三十億円ある。離婚して妻はおらず、相続人は海外に住む二人の息子になる。だが日本の相続税法では、相続人が海外に住んでいても、親が日本にいれば親の国内外の全財産が課税対象になり、息子たちは巨額の納税を迫られる。

それを回避する苦肉の策が親のスイス移住だった。親子ともに五年を超えて海外に住み続ければ、相続時に日本国外の財産は課税対象ではなくなり、国内財産にだけ相続税がかかる。

男性はスイスに会社をつくり、国内財産を含む全財産を移して、日本の課税を免れる考えだ。移住後は、日本に代わってスイスが課税権を持つことになるが、スイスでは州によっては親子間の相続に税金がかからない。

移住を決意するきっかけになったのが、一四年から始まった「国外財産調書制度」だ。

海外に保有する財産が五千万円を超えている人に対し、財産の中身を税務署に詳しく報告するよう義務づけるものである。

男性は約二十億円の国外財産を保有していることを、税務署に正直に報告した。すると調査が入り、過去三年間の所得に申告漏れがないか徹底的に調べられた。その結果、預金の利息など気づかなかった所得が見つかり、一千三百万円ほど追徴課税された。そのことに異論はないが、監視におびえながら日本で余生を過ごすのかと思うと、うんざりした。男性はこう話す。

「移住しても国籍を捨てるわけではなく、日本人の誇りはある。ただ、富める者にはいささか息苦しい」

一三年に日本を出てマレーシアに住む四十代の元金融マンの男性も、税務署への報告義務化をきっかけに移住に踏み切った一人だ。移り住んでも仕事や生活に支障は感じない。男性が証券口座を持つシンガポールでは株の売却益に税金がかからないし、投資商品の品ぞろえも日本と比べものにならないほど豊富だ。堪能な英語と金融知識を生かし、日本人に資産運用や節税を助言するビジネスをしたいと考えている。

タックスヘイブンで納税額は四分の一に

アジアの国々もタックスヘイブンに外貨を呼び込もうと懸命だ。ボルネオ島の近くに浮かぶ小島、マレーシア領ラブアン島。ここは、マレーシア政府が税金を極端に安くしたタックスヘイブンだ。

関西で企業ロゴなどのデザイン会社を経営していた三十代の独身女性は二〇一五年春、この小島に「本店」を構えた。日本なら最大で実質三〇％弱かかる法人税が、ラブアンでは三％で済む。あるいは現地通貨で二万リンギ（約五十五万円）を納めてもよい。

女性は、ラブアンにペーパーカンパニーをつくると同時に、自身もシンガポールに移住した。タックスヘイブンにつくった法人の株主が日本にいたままでは、日本の課税の網から逃れることができないからだ。日本の企業や個人（居住者）がタックスヘイブンに法人をつくっても、その所得は原則、日本国内の所得と合算して課税される「タックスヘイブン対策税制」が一九七〇年代からある。だが、株主が日本の居住者でなくなれば、この課税からは逃れられる。

女性はシンガポールでデザインの仕事を再開した。顧客とはネット上でやりとりしてきたので得意先も変わらず、年三千万円ほどの売り上げを維持できそうだ。シンガポールでは個人の稼ぎに対する所得税も安く、最高税率は二〇％と日本の半分以下だ。日本の住民税にあたる税金もない。女性の納税額はラブアンでの法人税とシンガポールでの所得税を合わせても年百五十万円足らず。日本にいた時の約四分の一だ。

女性はこう話す。

「節税で浮いたお金をうまく使って、アジア各国に顧客を広げたい」

日本からケイマンに逃げた七十四兆円

世界有数のタックスヘイブンとして知られる英領ケイマン諸島へ、日本からの証券投資が増え続けている。日本銀行の国際収支統計によると、二〇一五年末時点の残高は前年比約二割増の七十四兆四千億円で、〇五年末時点から十年間で二倍超になった。データが残る一九九六年以降で最高だった。証券投資とは、日本の企業や機関投資家、富裕層が、現地に設立された会社の株式や債券、投資ファンドにお金を投じた額である。日銀が公表している中では、米国債を中心とした米国への投資（百六十五兆円）に次いで二番目に大きく、フランスや英国を上回る。

ケイマンはカリブ海に浮かぶ島々で人口は六万人弱。法人税やキャピタルゲイン（金融資産などの値上がり益）への課税がない点が注目されるが、金融ビジネスで重視されるのはむしろ、投資を集める子会社やファンドを匿名性の高いかたちで手軽に作れる点だ。

英領バージン諸島などほかのタックスヘイブンと比べても会社やファンドの設立や運営への規制がゆるやかなためにコストを抑えることができ、高い利回りの金融商品が作れるともいわれる。そのため、日本を含めた世界中の企業や資産運用会社などがケイマンに投資ファンドや資金調達のための子会社を設立している。ケイマンに籍を置きながら、米国やアジアの不動産などを担保にした金融商品を作りやすいのでお金が集まる。

こうした手法を駆使した日本の投資家がケイマン籍の投資ファンドで得た収益には、日本で納税義務がある。しかし、匿名性の高いタックスヘイブンには、税務当局が捕捉していない巨額の資金が眠っている可能性もある。

日本の税務当局も対策を打ってきた。一九七八年にタックスヘイブン対策税制を創設。日本企業のケイマン子会社が利益を上げても、税務当局に実体のないペーパーカンパニーと認定されれば、親会社と合算して日本の税率で課税するようになった。二〇一四年には、海外資産が五千万円超の富裕層に「国外財産調書」の提出を義務づける制度も設けた。

だがこれらは、企業や富裕層が税務当局に正直に申告した場合だ。国外財産調書の提出件数は一四年で約八千件。野村総合研究所の推計によると、国内分を含めた純金融資産が一億円以上の日本の富裕層は一三年時点で約百一万世帯。国外財産調書にウソを書くなどした場合に罰則はあるが、国税庁OBで税理士法人山田&パートナーズ顧問の川田剛氏は「意図的に届け出ない人が数万人単位でいる可能性が極めて高い」と話す。

ケイマン籍の会社などを利用して資産を隠そうとした国内の富裕層が、国税当局に申告漏れを指摘された例もある。川田氏は、こう指摘する。

「一部の富裕層の中にはペーパーカンパニーをたくさん作って、海外の会社同士の取引を装って転々と資産を移すことで日本からの監視が行き届きにくくする手法で、収益を日本の税務当局に適切に申告していない人もいます」

「パナマ文書」は、国境をまたいで税を逃れる富裕層や政治家の存在を暴いた。だが、それらは世界中から逃げた富の一部にとどまる。日本をはじめ、各国は非居住者の口座情報を共有するなど対策に取り組むが、抜け道を完全にふさぐことは簡単でない。

テクノロジーが発展し、ヒトやモノ、カネ、情報が自由に行き交うようになったことが、持てる者から持たざる者への再分配をより働きにくくさせている。日本のみならず、世界各国が直面する難題だ。

ふるさと納税は〝日本のタックスヘイブン〟

ふるさと納税が人気だ。二〇一五年度に全国の自治体が受け取った寄付額は、前年度の四倍を超える一千六百五十三億円になった。

人気の理由は、なんといっても、自治体の趣向を凝らした「返礼品」だ。それが実質二千円の負担でもらえる。例えば、年間一億円の給料をもらう人が、ある町に四百万円のふるさと納税をすると、寄付をした年の所得税が確定申告で戻るだけではなく、翌年度の市民税、県民税が減額されて、合計三百九十九万八千円が戻ってくる。結局、寄付した人の負担は二千円で済む。要するに、税収確保を狙う地方都市が〝日本のタックスヘイブン〟になっている構図がある。

房総半島の中央にある人口約一万人の千葉県大多喜町。徳川家康の忠臣、本多忠勝が城主となった大多喜城が観光のシンボルだが、最近はふるさと納税でもらえる金券の「ふるさと感謝券」が富裕層の間で注目を集めた。町は一四年十二月に返礼品として金券を贈り始め、一五年度の寄付額は前年度の四十倍近い十八億五千五百万円と急増した。うち九六％が金券を求める寄付だった。

一六年四月末の大型連休中に町を訪ねた。町の中心部にあるスーパー「いなげや」に行くと、夫婦が買い物カートを連ねて、四つのかごに山盛りの買い物をしていた。レジで取り出したのは分厚い「ふるさと感謝券」の束だった。

取材するうちに、感謝券で自動車を買う人までいることがわかった。二百万〜七百万円の新車を数台、全額感謝券で売ったという町内の自動車販売業者は、実態をこう話した。

「新車や高級タイヤが売れました。大量の感謝券を持っている方は、タケノコや椎茸で五百万円分使うわけにはいきません。期限内に消費しないと紙くずになります。枚数が多くて数えるのが大変でした」

感謝券は寄付額の七割相当が贈られる。七百万円の感謝券を使う人がいたということは、一千万円の寄付をしたか、インターネットのオークションなどを通じて、額面よりも割安に買い集めたということだ。販売業者はこれで売り上げが急に増えて、さぞかし喜んでいるのかと思ったが、意外な言葉を聞いた。

「高額納税者の合法的な節税対策になってしまっています。本来、ふるさと感謝券の目的は地元の町おこしですが、自動車というのは特産品でも何でもありません。一時的で麻薬的な活性化にはなるかもしれませんが、買っていくのは県外の人ばかりです。そこに頼っていては商売は成り立ちません。本当は、これでいいのかと思いながら、登録店になっています」

家族経営の電器店で取材をしていると、川崎ナンバーの高級外車が店の駐車場に止まった。自営業の男性と妻が、最新の冷蔵庫など約二十五万円分を選び、大半を金券で購入した。男性は「これまでに町を四回訪ねて、大きな買い物はここでした」と話した。町の複数の電器店が、事実上の通信販売をしていた。この店にも全国から注文メールが押し寄せて、対応しきれないために受け付けの一時中止を繰り返していた。

店主はこう話した。

「ふるさと納税のお客さんは、ネットで価格を比べて安いものを買っています。価格にかなり敏感です」

寄付に対する感謝の気持ちであるはずの返礼品だが、寄付者はあくまでも経済的な損得の計算をしているようだ。総務省はこの取材のすぐ前の一六年四月、金券や家電製品など資産性が高くて換金がしやすい返礼品を贈らないよう自治体に通知した。しかし、大多喜町は金券発行を続けていた。

町の担当者は「感謝券は町内で使用する前提なので一般的な『金券』には当たりません」と説明する。どこでも使えるわけではないので、換金性は高くないという理屈だ。だが、インターネットの通信販売なら、町を訪ねなくても感謝券を使うことができる。

「事実上のネット通販」で高級品販売

ネット上で高級ブランド品販売をうたい、感謝券の使用先として富裕層に人気の店は、大多喜駅から数百メートル離れた商店街の一画にあった。建物の二階に「大多喜百貨店」の看板があるが入り口がわからず、一階の飲食店で尋ねると「鍵を預かっています」と言われた。案内されたアパートの一室には千円の値札がついたサングラスやしゃもじが並ぶ。案内してくれた女性は「普段は誰もいません。専らネット通販の会社だそうです」という。

「大多喜百貨店」は客に感謝券を郵送させ、高級品を送る販売方法が売りだった。東京の業者が町に「支店」を登記したのは一五年五月。町は感謝券を扱える業者として登録した。業者は町に感謝券を持ち込んで現金に換金する。業者は取材に「町から、まずはネット販売でいいと言われたが、ネット通販はもうやめた」と話した。

大多喜町に一五年末に現れた「大多喜ウォルマーケット」もふるさと納税で贈られた感謝券を扱い、ネットで家電製品の多様な品ぞろえを宣伝した。だが、建物は廃業したラーメン店の跡で、道路脇に立つ看板には「ら〜めん　かぞく」の文字が残っていた。店の関係者は開店の理由について「感謝券の利用も念頭にあった」と話した。

こうした業者が町に進出するのは、町が刷った大量の感謝券と町の市場規模が釣り合っていないためでもある。町は一五年度、寄付の返礼として約十二億円相当の感謝券を贈った。町の年間の町税収入の約十億円を上回る。町の小売業売上高は九十億円ほどなので、これだけ多額の感謝券に対応する売上高がある店は多くない。

ふるさと納税による寄付の動向について、『１００％得をする　ふるさと納税生活』の著者、金森重樹氏(46)は「ふるさと納税の目的は節税ですよ」と断言する。

金森氏の年収は七億円にのぼるといい、一五年度にふるさと納税で寄付をした額は約一千三百万円。うち約一千万円は大多喜町に寄付をした。「大多喜百貨店」を中心に通販で高級腕時計やシャンパンなど数百万円分を買ったという。

大多喜町は批判を受け、一六年五月末で感謝券を贈るのをとりやめた。五月の寄付額は約二億六千万円と、前月の四倍近くの駆け込み状態になった。騒動が落ち着いた七月の寄付額は約三百六十万円まで落ち込んだ。

過熱する返礼品競争

二〇一六年十月、横浜市中区の赤レンガ倉庫のイベント広場で開かれた「ふるさと納税大感謝祭」には、全国六十一市町村の「出店」が軒を並べ、「地方物産展」の様相となった。ふるさと納税の返礼品を選びながら寄付の手続きもすることができるインターネットのサイト「ふるさとチョイス」を運営するトラストバンク（東京都渋谷区、須永珠代社長）が二日にわたって開催した。

初日は午前十時のオープンとともに、待ちかねた来場者が会場になだれ込み、足の踏み場もないぐらいの盛況になった。中でも行列ができたのは、宮崎県都城市のコーナーだった。持ち込んだホットプレートで焼いた人気の宮崎牛が試食でき、紙コップで焼酎の「白霧島」を試飲できる。

一五年度のふるさと納税の寄付額が約四十二億三千万円で首位となった都城市の人気の高さを見せつけたが、会場がある横浜市は逆に、一五年度のふるさと納税による市民税の流出が約三十一億五千万円、市民が払う県民税の減額が約二十一億円と、いずれも全国一多かったので、皮肉な光景だった。

都城市は、「宮崎牛サーロインブロック」や地元でつくる芋焼酎「一年分三百六十五本（一本一・八リットル）」などが売りだ。その特設サイトでは、通販のカタログ感覚で豪華商品を選ぶことができる。焼酎一年分は、百万円以上を寄付した人が対象だ。この金額まで寄付できるのは、給与収入なら年間三千万円を超える高所得者だ。百万円を寄付すると、二千円の自己負担を除いた九十九万八千円が減税され、小売価格で六十万円超にあたる焼酎一年分がもらえる。同市によると、経営者や医師らが「忘年会でふるまいたい」などと、この返礼品を選んだという。

ふるさと納税は、寄付した人の負担が二千円で済むだけでない。お金持ちがふるさと納税をした結果、その自治体の税収が減ると、地方交付税で実質的に穴埋めされる仕組みもある。一六年度に地方交付税をもらっていない自治体は、都道府県は東京都だけ（二十三区を含む）、市町村では神奈川県川崎市や愛知県豊田市など七十六市町村だけだ。横浜市を含めた一千六百以上の自治体については、結局は国からの金が「寄付」の形で地方自治体に渡り、その中から返礼品や事務経費などがまかなわれ、お金持ちに還流していることになる。

上位十自治体に二割の「黒字」が集中

返礼品競争の実態を調べるため、ふるさと納税による二〇一五年度の寄付の受け入れ額から一六年度の市町村税の減額分を引いた市町村の「収支」を計算した。

すると、全国一千七百四十一自治体のうち「黒字」は一千二百十六自治体で計約一千四百七十三億円にのぼった。ただし、黒字額でも四十二億一千万円と一位の都城市など上位の十自治体に黒字の一九％、百自治体に黒字の六三％が集中しており、一部の市町村が寄付をかき集めている姿が浮かび上がった。一方、「赤字」の自治体は都市部に多く、横浜市が約二十八億一千万円、名古屋市が約十八億円、東京都世田谷区が約十六億円などと続いた。返礼品にかかる費用は計算には含めていない。

黒字額の二位は、魚やタブレット型端末「ｉＰａｄ」が話題を呼んだ静岡県焼津市で三十七億九千万円。五位の岡山県備前市（二十七億一千万円）や八位の長野県伊那市（二十五億七千万円）も家電が人気を集めた。茨城県日立市に対する一五年度上半期（四〜九月）の寄付は約一千三百万円だったが、十月から返礼品に市内で製造した掃除機や炊飯器などの家電を加えたところ、寄付が殺到して、一五年度通年の寄付額は一気に八億一千万円に達した（四十位）。

自治体間の競争は過熱している。千葉県勝浦市と群馬県渋川市は、総務省の通知を無視するかのように、一六年四月に金券を返礼品に加えた。「かつうら七福感謝券」を返礼品に導入した勝浦市は、一五年度に金券で十八億五千五百万円を集めた大多喜町に隣接する市だ。

担当者はこう打ち明けた。

「住民が隣町の大多喜町に寄付をして返礼品の金券で買い物をすると、税金も消費も流出するおそれがあります。大多喜町がふるさと納税で寄付を集めているのを参考に感謝券を作りました」

新潟県湯沢町も一六年七月に『「ありがとう湯沢」応援感謝券』という町内のホテルやスキー場に加えて電器店などの小売店でも使える金券を導入したところ、十二月までに一億二千万円が集まった。担当者はこう話す。

「総務省が出したのは通知なので、法的拘束力はありません。湯沢町には返礼品にできるような特産品がなくて、観光というサービス産業の町なので、それを提供するために感謝券を贈って町に来ていただくことは問題がないと考えています。草津町（群馬県）や中之条町（同）の金券を参考にさせてもらいました」

草津町も中之条町も温泉地で湯沢町から直線距離で四十〜五十キロしか離れていないライバルだ。一五年度に草津町が八億七千万円、中之条町が六億三千万円の寄付を集めただけでなく、温泉旅館でも使える「感謝券」を出しているので、指をくわえて見ているわけにはいかないと言わんばかりだ。ふるさと納税が話題になる中で、総務省の通知を守っていては「客」を奪われてしまう。

これには総務省市町村税課の担当者も頭を抱える。

「返礼品は、ふるさと納税の制度そのものとは別で、寄付をしてくれた人に対する感謝を表すものですから、総務省の所管とは言い切れません。通知を守らない市町村には、都道府県を通じて守るようお願いすることしかできていないのが現状です」

世田谷なら保育所が二つできるのに

だが、全国を見まわすと「バスに乗り遅れるな」と返礼品競争に加わる自治体は後を絶たない。一五年度の寄付額一千六百五十三億円のうちほぼ半分の七百九十三億円は、返礼品の購入や郵送費用などに費やされた。インターネットの通信販売サイトのように、返礼品の家電や自転車を選ぶことができる備前市の場合、一五年度に二十七億二千万円の寄付を得たが、家電や自転車の購入費だけで市内の業者七社に約十二億円を支払った。

街づくり専門家の木下斉《ひとし》氏はこう警告する。

「返礼品でふるさと納税を集めるのは、財源のほしい自治体にとって麻薬のようなものです。一過性であってもお客さんを集めることに成功すれば、大きなお金が入ってくる。役所は割高で業者から商品を買い集めるようになり、やがて業者も役所に依存するようになっていきます。結局は地方経済のためになりません」

一部で高所得者の「節税対策」として使われているふるさと納税が、一握りの自治体に集まる一方、減税分を肩代わりする国や都市部の自治体などでは、福祉や子育てといった行政サービスに充てる財源が目減りしている。ふるさと納税による収支が赤字なのは、人口が多く、高所得者が集まる都市部が中心だ。こうした自治体では、不十分な行政サービスが問題になっている。ふるさと納税の収支で一五年度の赤字が十六億円となった東京都世田谷区は、待機児童数が全国で最も多いが、区によると十六億円あれば百二十人規模の保育所を二つ新設して、一年間運営してもおつりがくる。

ふるさと納税は、菅義偉官房長官が第一次安倍政権で総務相だった〇七年に打ち出した。

都会に若者を送り出した結果、財政難に悩む地方自治体への「恩返し」が当初の狙いだった。

しかし、菅氏が〇七年に設けた研究会で返礼品競争への懸念はすでにでていた。豪華な返礼品を贈る自治体ばかりに寄付が集まる半面、節度を保つ自治体では、地方の都市でも税収が失われてしまう。本来、「寄付」は見返りを求めない。

実際、熊本地震後、熊本県南阿蘇村には、返礼品を贈れないのにふるさと納税による寄付は数週間で一五年度の四倍の額が集まった。熊本地震では、返礼品がなくても被災自治体に多くのふるさと納税が集まり、一六年五月末時点で約三十四億円に上った。

返礼品を通じて、高所得者が多くのもうけを手に入れることが当たり前のようになった現行の制度は、こうした寄付の文化をゆがめてしまうとの批判も根強い。

「節税ブーム」で固定化する格差

相続税が二〇一五年から増税された。相続財産の基礎控除（非課税分）が減り、課税の対象者が増えた。政府が消費税率を八％に上げる増税を決めた際、併せて裕福な人への増税も必要だと判断したからだ。

相続税や贈与税には、一部のお金持ちに富が集中するのを抑え、「格差」が世代を超えて引き継がれていくことを防ぐ目的がある。格差が固定化すると、親がお金持ちかどうかで子の人生が決まり、貧しい家に生まれたというだけで貧困から抜け出せなくなる不公平な世の中になってしまうからだ。

しかし、相続増税はこうした本来の目的とは裏腹に、富裕層の間で「節税ブーム」を巻き起こしている。

銀行や証券会社が開く相続税関連のセミナーには連日大勢の人が詰めかけている。野村資本市場研究所の宮本佐知子・主任研究員の推計では全国の相続資産の規模は二〇三〇年にかけて年間六十兆円に達し、総額一千兆円規模の資産が動き出すという。金融機関などは「巨大な市場」とみて節税指南に力を入れている。

延べ棒小分け、分割贈与

東京の三越日本橋本店で二〇一五年七月、純金製品を展示即売する「大黄金展」が開かれた。金の像や小判、仏具などがきらびやかに並び、品定めをする客でにぎわっていた。

会場の一角には、別の目的の人たちが集まっていた。一キロの純金の地金を、小さな百グラムのバー十本に分割加工するサービスを受け付けるブースだ。期間中六十人が計百キロの加工を申し込んだ。加工には四週間ほどかかり、手数料は一キロ当たり税込み二十一万六千円。一キロの地金を何個か持参した都内の八十代男性はこう語った。

「小さなバーにしておけば贈与の場合も売る場合も便利ですからね。そりゃ（税金を）意識しています」

金を小分けする人々の主な目的は、子や配偶者に資産を受け渡す際にかかる相続税や贈与税の節税だ。

例えば一キロの地金（時価約五百万円）を成人した子に贈与すると、年百十万円の基礎控除を差し引いた三百九十万円に対し、四十八万五千円の贈与税が子にかかる。これを百グラムのバー十本に小分けすれば、一本の時価は五十万円になり基礎控除額を下回る。このバーを子一人につき年一～二本ずつ渡していけば、税金を払わずに資産の受け渡しができ、手数料以上の節税効果がある。

金を売るときの節税にも「小分け」は役立つ。

金を売って得たお金は「譲渡所得」として扱われ、年五十万円の特別控除（非課税分）を超えると所得税がかかる。ここでも、一キロ単位で売るよりも、売却額が特別控除の枠内でおさまるよう、百グラム単位で売った方が所得税の節税になる。

金価格は〇〇年ごろの一グラム九百円台を底値にじわじわ上がり、今は五千円近い。譲ってよし、売ってよしの小分けサービスの人気は高まっている。

相続税対策「孫を養子に」

遺産をもらった家族らにかかる相続税を節税する動きも盛んだ。

都内の三十代の男性は二〇一二年、他界した祖父の遺産五億円を一人ですべて相続した。通常ならば孫は法定相続人になれないが、祖父の強い意向で「養子」になっていたのだ。

祖父の法定相続人は配偶者の祖母と、実子の娘二人だったが、全員の同意のもとであえて孫に遺産を集中させた。家を継げる男性が孫以外にいなかったこともあるが、相続税を減らす狙いもあった。

祖母や娘を経由して孫に遺産が相続されると、相続税も複数回納めなくてはならないが、祖父から養子への相続なら一回の納税で済む。「孫養子」と呼ばれる手法で、この男性のケースでは約一億三千万円の節税が見込まれるという。

だが、このやり方にはリスクもある。親族間の同意がないまま孫養子に遺産相続が集中すれば、別の遺族の遺産の取り分が減り、トラブルに発展しかねないからだ。税理士の紹介会社ビスカスの八木美代子代表は「九九%の相続が『争続』になる。過去の負の記憶を持ち出したり、配偶者が横やりを入れたりして、感情のもつれが解消しないことが要因」と指摘し、時間をかけた相続税対策を勧める。

教育資金贈与が一兆円超え

埼玉県の学習塾で二〇一五年一月、中学受験を一年後に控えた小学五年生の保護者向けの説明会があった。冒頭説明に立ったのは塾講師ではなく、銀行員だった。

「おじいさま、おばあさまに『孫の教育に限定して遺産を残すことができる』と切り出せば気まずさもありません」

銀行員が紹介したのは、子や孫の教育資金を一括で贈与した場合、子や孫一人につき一千五百万円まで贈与税が非課税になる「教育資金贈与」だ。学校の授業料などのほか、五百万円までは習いごとや学習塾などの費用も非課税になる。援助したい祖父母らは信託銀行の口座に教育資金を入れ、子や孫は領収証と引き換えにお金を引き出せる。

説明会に参加した四十代の母親はこのとき初めて制度を知った。中学受験までに百万円近い出費を覚悟しなければならず、すぐに実家の父に支援を頼んだ。

六万八千人の生徒を抱える別の大手学習塾では、一五年は約八百人が教育資金贈与を利用したという。二年で約三倍に増えた。

関東の四十代主婦は一四年、実家の父から小中学生の二人の息子に合計で限度枠いっぱいの三千万円の教育資金贈与を受けた。

私立中二年の上の子の授業料と塾代は年間百万円ほど。公立小に通う下の子も中学受験する予定で、塾とスイミング、テニス、英語のレッスンに月約五万円かける。月々に教育費として使えるお金は四十万円ほどある。それでも「教育資金贈与のおかげで、子どもが希望する進路に進んでいく環境を整えられる。親としての安心感がある」と話す。

一三年四月のスタート以来、教育資金贈与の人気はうなぎ登りだ。信託協会によると、教育資金贈与信託の累計契約数は一六年三月末で十六万件を超え、贈与のために預けた総額（累計信託財産設定額）は一兆九百二十五億円に達した。教育資金で非課税となる使い道は一五年四月から広がり、留学渡航費や通学定期代が対象に加わった。また結婚式や不妊治療費、ベビーシッター代などに使える「結婚・子育て資金贈与」も新たに始まり、一人一千万円まで一括で非課税の贈与ができるようになった。

教育資金贈与の人気を支えるもう一つの要因がある。相続税対策だ。

都内の七十代男性は老人ホームに入った一五年の春、二人の孫に銀行口座を開設させた。高校生の孫に「教育資金」として一千五百万円、社会人になったばかりの孫に「結婚・子育て資金」として一千万円を贈与するためだ。いずれも非課税の上限額だ。

男性が持つ財産の評価額は一億円ほど。すでに妻は他界し、なにもしなければ孫たちの父親にあたる自分の息子に一千万円超の相続税がかかる。そこで、一世代飛ばして孫に財産を贈与し、その相続税負担を抑えようと考えた。

また、一人あたり毎年百十万円までの贈与は、お金の使い道に関係なくもともと非課税だ。この「暦年贈与」をこれから十年ほど孫二人に続けていけば、男性の財産は相続税の基礎控除を下回る水準まで減り、息子が相続税を払う必要がなくなる。男性はこう話す。

「孫への贈与といっても、教育資金は贈与がなくても親が負担します。孫にかかるお金を私からの贈与でまかなえれば、息子の家計は楽になります。事実上、息子に贈与したのと同じです。もっと贈与のメニューが広がると相続が楽になっていいですね」

相続税負担を回避するお金で豊かな家の子供は塾などで受験指導を受け、着実に豊かさの階段を上っていく。

孤立無援、自分の奨学金返済まで

富裕層が教育資金を節税に利用する一方、孤立無援で子どもを育てる人もいる。

二人の子どもを育てる大阪府の三十代のシングルマザーは、スーパーと新聞販売店の仕事を掛け持ちし、週六日働く。朝六時に起きて小学五年の上の娘の宿題をみて学校に送り出す。八時過ぎに下の子を保育園にあずけ、自転車で近所のスーパーに向かう。九時から午後一時まで総菜を作り、終わるとすぐに自転車で次の仕事場に向かう。昼食の菓子パンをかじる間だけ座らせてもらい、新聞の折り込み作業をする。その後、夕刊の配達を終えて五時半ごろに保育園に下の子を迎えに行く。

夜七時、下の子どもとスーパーでの買いだし荷物を両手で抱えて、エレベーターのない市営住宅の四階まで階段を上がる。夕飯の支度をしながら、洗濯もする。夕食の後片付けをして、つかの間ゆっくりする。

そんな忙しい時間の合間を縫って、夕方に立ち寄るスーパーの中にあるカレー店で取材した。取材中も、留守番をしている上の子が気になって、早く家に帰りたそうだった。

休日は日曜日と祝日だけだが、休日が多いと収入に響くのでカレンダーを見ながら悩ましい気持ちになることもある。手取りは月に十四万〜十八万円。両親はすでに他界し、生活費を数万円払うと言った元夫は約束を守らない。子どもの誕生日とクリスマスに元夫の親から一万円が届くだけだ。自分の高校時代の奨学金返済まである。市営住宅の家賃は五万五千円。育ち盛りの小学生の子がいるが、家族三人で食費は三万円と決めている。子どもも二人の児童手当（計二万五千円）と児童扶養手当（計四万一千円）があり、長女の就学援助も受けているが、預金する余裕はない。

休日はたいてい、近くの大型スーパーを三人で歩き、ウインドーショッピングを楽しむ。自分は高卒だが、「子どもは大学に通わせたい」と、小五の長女の公文式の学習塾代（月一万二千円）を確保するために懸命に働く。貯金はゼロ。学資保険も入ってない。

「来年は六年生だから、本当は、公文よりももう少し受験対策のような学習塾に行かせたい。でも塾代が高いので、子どもは行きたそうですが自分から言い出すことはありません」

日本ではいつの間にか、多額の費用をかけて塾や習い事に通わせなければ進学も就職も思うようにはいかなくなった。子どもは生まれてくる家庭を選べない。国や自治体が税金を集めるのは、本来は富める者から集めて貧しい者に再分配をするためだ。今は、減税という形でその逆の流れが強くなっている。

減税や節税テクニックで利益を享受する富裕層の陰で、低所得者たちはどれほどの重税感に苦しめられているのだろうか？　次章で詳しくみていこう。

第二章　重税にあえぐ中・低所得者層

消費税が法人税、所得税に並んだ

日本の税金は、消費税中心へと大きく変わりつつある。

三％の消費税が導入された一九八九年度と、消費税率が八％になった二〇一四年度の国の税収を比較すると、五十兆円台半ばでほぼ同じである。だがこの間に消費税収は約十三兆円増え、その分、所得税収と法人税収が減った（図3、4参照）。

「消費税シフト」の背景には、働く世代の人口が減り続け、国の借金も膨らんでいくなかで、お年寄りを含めて薄く広く負担を求める消費税で日本の財政を支えていこうという政府の判断がある。

ところが、消費税が増税されても現役世代の給料は上がらず、消費税が八％に上がった一四年度の実質賃金は三％も下がった。消費税が導入される前の春闘で、政府が経済界に異例の賃上げを要請し、春闘で二％を超える賃上げが実現されたという声が労使から出ていたが、実際は違った。労使が「賃上げ」と呼んでいるものは先輩の給料に追いつくための「定期昇給」を含んだもので、ベースアップ分はわずかしかないためだ。そのわずかなベースアップは消費増税に追いつかず、実質賃金は大幅なダウンとなっている。

実は、実質賃金の低下は一一年度から一五年度まで、五年も続いた。一五年度の国民の

図3　主な税収の変化

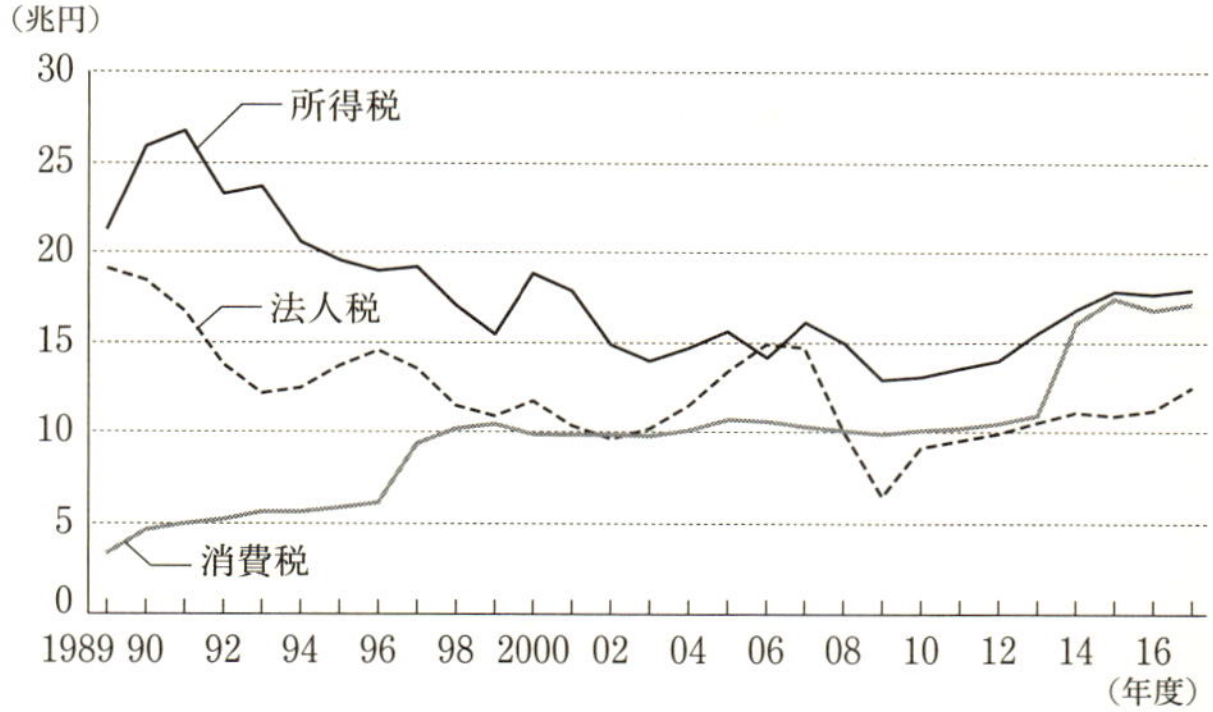

注）2016、17年度は予算ベース

図4　税率の変化

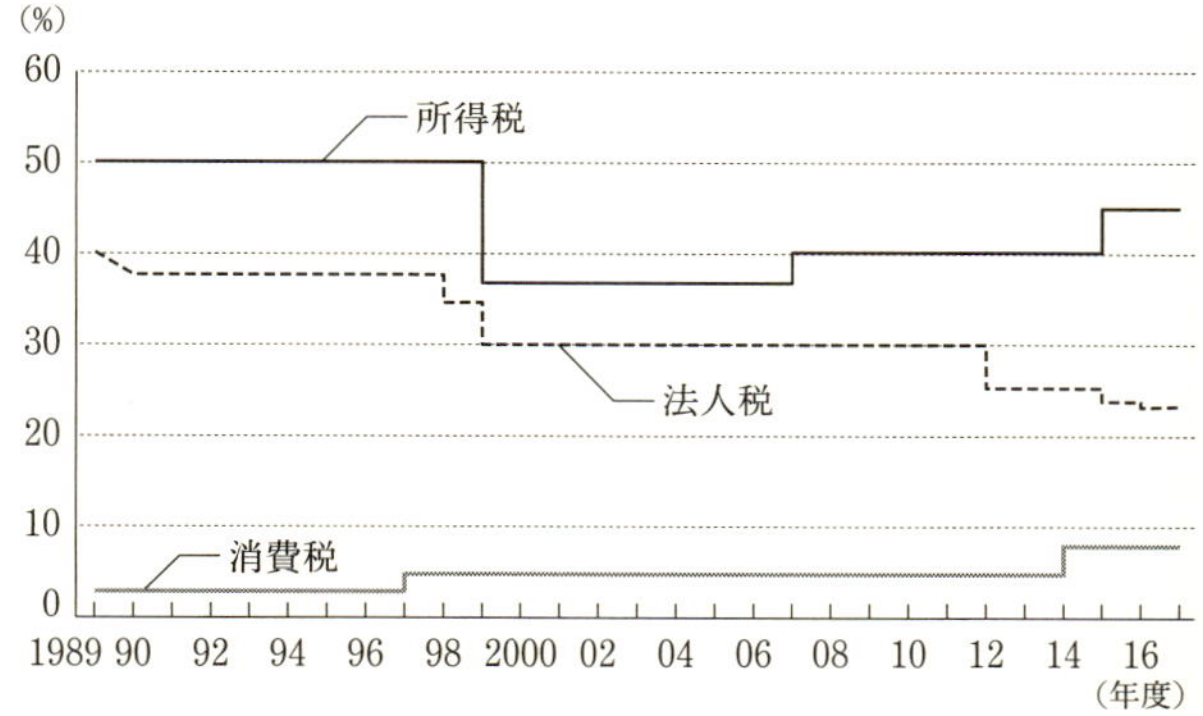

注）所得税は最高税率

実質賃金は一〇年度より五・三％も減った。給料が減ったり、消費増税で負担が増えたりして、給料で買えるものがこんなに減ったということだ。これに加えて、サラリーマンが加入する国の年金である厚生年金の保険料は毎年上がり、高齢化にともなって健康保険も介護保険も上がっている。

国民の可処分所得が減り続け、今後増えるどころかさらに減る見通ししか示されていない状況で、消費が増えるはずがない。それでも消費税は上がり続ける。

小売り業者は消費税を納められるのか

消費税は、消費者が買い物をした時に支払うが、これを実際に税務署に納めるのは、小売店などの事業者になる。小売り業者は受け取った消費税を預かりながら経営しているわけだが、一方で仕入れの時には消費税を支払っている。

だが、日々の仕入れや販売の中で、きちんと仕分けをして営業活動ができるのは一部の事業者だけだ。たいていは決算をするまで納めるべき消費税額はわからないのが現実だ。滞納も増えてきた。消費税の一〇％への増税はたびたび延期されているが、本当に一〇％になった時に、小売り業者は多額の消費税を集める主体であり続けられるのだろうか。

〈滞納が続き、ご連絡もないときは、財産の差し押さえ手続きに移ります〉

東京都内のとび職の四十代男性宅に二〇一五年五月下旬、税務署から封書が届いた。三月末が期限だった一四年分の消費税約四十三万円の納付を迫る通知書だ。

あわてて税務署に掛けあい、延滞税を含めた滞納額を八カ月かけて分納する計画を認めてもらった。だが、不安がつきない。

「そのうち仕事も、生活も、消費税に食われちゃうんじゃないか」

一三年は消費増税前の駆け込み需要で、戸建て住宅などの受注は月平均で八棟あって売り上げは二千万円を超え、消費税を納めても手元にお金が残った。ところが、四月に消費税率が五％から八％に上がった一四年は反動で受注が月平均三棟に減り、売り上げも一千六百万円余りに落ち込んだ。

一方で、経費は一三年と同じぐらいかかった。外注する工賃やネジなどの消耗品の仕入れ代は消費税が上がった分だけかさみ、人手不足から人件費も膨らんだ。結局、一四年は手元に二十四万円弱しか残らず、約四十三万円の消費税を納められなくなった。四人の子育てなどの出費で預金はほぼ底をついており、住宅ローンや信用金庫への返済も月約二十万円のしかかる。

なぜ、こんなことが起きるのか。

消費者は小売店に消費税を「預ける」。小売店は客から預かった税を納税する。

一方、小売店も仕入れの時に消費税を払っている。小売店は、この仕入れの消費税分は税務当局に納めなくてもよい「仕入れ税額控除」が認められるが、商品は、必ず仕入れ値を上回って売れるわけではない。仕入れの時に八円の消費税込みの百八円で買った商品が売れない時には見切って、消費税込み五十四円で売ることだってある。その場合、五十円の損が出るだけでなく、客からは四円の消費税しか預かっていないので、消費税でも四円の「損」が出る。この四円はうまく売れた商品の取引で納めなければならない消費税と相殺できるが、日々売買をする中で個々の取引の消費税での損得まで把握するのは難しい。結局、決算をして払った消費税と受け取った消費税の差額を計算しないと納める金額はわからないことになる。

消費者が商品を買う時には、消費税も含めた金額で考える。そのため、消費税が増税されると、小売店が増税前と同じ利益をあげるためには、消費者にとって商品の値上げとなる増税分の「転嫁」ができなければ利益は減ることになる。しかし、小さな事業者ほど、客離れを恐れて値上げができなかったり納入先に値上げを拒まれたりしがちだ。

こうして消費増税の価格転嫁ができずに、事業者の利益が減ると、経済のパイはどんどん縮小する。そうなれば税収は、政府の見込み通りには増えないことになる。

「頼りは妻の年金」でもやめられない

首都圏の私鉄駅前。店を構えて五十年余の青果店も、初めて消費税を滞納した。一五年二月末が納付期限だった消費税約七十万円を一年間の分納にしてもらった。

一四年三月は日に四百人だった客が増税後は三百人ほどに減った。

青果店の社長（79）は客の敏感さをこう話す。

「値札を税抜きにしているためでしょうか、今も一日に何人か、レジを打った後で『やっぱり、これ買うのやめます』と言う人がいるんですよ」

全盛期は客が毎日千人を超えたが、大型店に流れてじわじわと減り、経営が苦しくなった。十年ほど前から売れ残りの自家消費を除いて給与を返上し、逆に自分の蓄えを会社につぎ込んで経営を維持している。会社への貸付残高は一億円を超えた。

一〇年頃からは月十五万円の年金を会社の支払いに充てている。一緒に店を切り盛りする息子には給料を遅配することもある。生活費は妻の年金が頼りだ。

一四年は税率八％の期間が九カ月。一五年は丸一年だ。

「来年はどうするの」。分納の交渉中、税務署の担当者から何度も聞かれたが、廃業はできない。息子はもう転身がきかない年齢になっているので、続けるしかない。

増える滞納、追い詰められる中小企業

国税庁がまとめた税金の滞納状況によると、一五年度の消費税の新たな滞納額は四千三百九十六億円と、前年度比で三三％増えた。一四年度も同一七％増えたが、さらに大きく増えている。所得税や法人税の滞納額はほぼ横ばいなので、消費税の滞納増は税率が八％に上がった影響が出てきた結果とみられる。

前述のように、事業者は、売り上げで客から預かった消費税から、仕入れにかかった消費税を差し引いた差額を納める。消費税は、実際には、流通の各段階の粗利にかかる税金（付加価値税）なのだが、事業者は粗利から従業員の給料や店の賃料、借金の返済などの支払いもする。消費税の増税で売上高が減っても、こうした経費は簡単には減らせない。

そのため、諸経費が粗利を上回って、納めるべき消費税額が残らない会社が増えていると

いうことだ。

政府は大企業が下請け企業から仕入れる時の転嫁拒否などを取り締まる法律をつくり、経済産業省は転嫁を認めない事業者に、一六年六月までの累計で三千件近い指導をした。それでも、同省の同月のアンケートでは、事業者間の取引で「全て転嫁できている」と答えた事業者の割合は八三・〇％、消費者向け取引では七〇・四％にとどまった。

零細事業者の場合、納税は年一、二回で、その間に経営が悪化することもある。一五年に初めて消費税を滞納した都内の繊維関連メーカー社長は「消費税はきちんと分けて積み立てなければいけませんが、中小企業では、手元にあるお金を仕入れなどの運転資金として使ってしまっているのが現状です」と、苦しい内実を明かした。

したたかな町工場の経営者にも誤算

消費増税は町工場の経営にも影を落としている。

大阪市の工業団地の一角にある金属加工工場には、金属を削る甲高い音が鳴り響いていた。一日十時間、二交代で加工機械を動かし続ける。

工場を始めて四十年。したたかに生き延びてきた。売上高は年間約二億円だが、個人事業のままにしている。株式会社などの法人にすると、六人いるパートの給料からも所得税を天引きしなければならなくなり、パートを確保しづらくなるためだ。一方、十二人いる正職員は厚生年金などの社会保険に入ったほうが集めやすいので、義務ではないが任意で加入している。経営者（67）はこう話す。

「利益は部品を削る機械をいかに効率よく稼働させるかにかかっています。受注先が大手の仕事に偏ると波が大きくなり、安定的に機械を動かすことができないため、結局は利益が減ります。それを避けるため、大手だけに絞ることをせず三十カ所と取引をしています」

消費税が五％から八％に上がった一四年も、工賃は値下げせずに維持できた。

それは、増税後に定期的にあった先述の経産省の価格転嫁に関する調査のおかげだった。十分に価格転嫁ができない得意先があっても、経産省の調査にはひとまず「転嫁ができている」と答えておく。そのコピーを得意先にチラつかせれば、先方に指導が入らないようにかばっていることが伝わると同時に、「転嫁を認めてもらえなければアンケートに正直に書くぞ」と暗に伝えることになる。これで得意先は転嫁を認めてくれた。

ところが、決算をしてみると、約五百万円の消費税を納めなければならないのに、半分しか残っていないことがわかった。あわててメインバンクの信用金庫から借りた。分割で納める選択肢もあるが、それでは滞納の扱いになってしまい、税務署から「納税証明書」が出ない。すると、金融機関の審査で評価が下がってしまうのだ。

資金不足に陥った理由は、気づかないうちに便乗値上げされていた仕入れ額があったためだった。例えば、金属を削る工具の刃は、一四年四月の消費増税と同時に値上げもされていた。レアメタルを使う特殊な刃だが、一日に三〜五回も交換する。一カ月の売上高は約一千六百万円あるが、そのうち約百五十万円が刃の費用に消える。消費税は売り上げにかかるが、税務署に納めるのは材料などを仕入れた時に支払った消費税を差し引いた額になる。日々の仕事で残ったお金は利益と消費税が混然としているため、税率が上がると経営の管理は難しさを増す。

大阪の既製服メーカー社長（65）は中小企業の厳しさをこう話した。

「消費増税で仕入れ価格が上がり、転嫁ができずに利益を圧迫しています。自分の責任で商品を作って売れ残ると利益が飛んでしまうので、大手メーカーの下請けを増やしています。売る先も、中小の商店は倒産して売掛金が回収できない心配があるので、なるべく大手量販店にします。庶民の給料は消費増税に追いついていないので、財布のひもは固い。大手の取引条件は厳しくなる一方です。このままでは、小売りもメーカーも大手ばかりになってしまって、おもしろい商品は減ってしまいますよ」

社会保険料という名の「人頭税」

一部のお金持ちに集中した富を「再分配」する手段として、相続税のほかに社会保障がある。これは税金や保険料で集めたお金が原資となる。

しかし、再分配が機能しているとは言い難い。海外への資金逃避や相続税の節税に躍起になる富裕層がいる一方で、税金や保険料の負担にあえぐ貧困層が年々増えている。

二〇一三年夏、埼玉県三郷市に住む女性（63）は救急車で病院に運び込まれた。その時のことはなにも覚えていない。後日、看護師らに聞くと、うわごとで「このまま帰る。何もしないで」とくり返していたそうだ。

五十代半ばから糖尿病を患っていた。だが、救急搬送される一カ月前に血糖値を下げるインスリンの注射をやめ、その影響で心臓の状態が悪くなっていた。注射をやめたのは、お金がないからだった。

女性は十九歳で結婚し三人の子を産んだが、四十代で離婚した。その後は一人で、パン工場や清掃工場のパートで生計を立てた。十年ほど前、居酒屋で知り合った男性と同居を始めた。その頃からだるさやめまいを感じ、仕事を続けられなくなった。糖尿病と診断され、ほかの病気も含めた月の医療費が二万数千円にもなった。数年後、同居の男性も腰痛で早期退職した。男性の退職金を切り崩して暮らしたが、自分の医療費が悩みのタネだった。病気はだんだん悪くなる。血液をきれいにする「人工透析」が必要になりそうだが、とても負担できないと思った。自分の貯金はゼロ。家計は男性が管理していたからよく分からないが、月六万円の家賃や光熱費を支払っていくので精いっぱいなことは間違いなかった。女性は振り返る。

「その時だって食費を減らしてギリギリの生活だったの。それなのに『もっと医者代がかかる』とは、ダンナに言えなかった……」

住民税は所得がなければかからないが、国民健康保険税（料）はお金がなくて病院に行けない人にもかかる。所得がなくても世帯ごとと、家族の人数に応じた定額の税金は払わなければならないためだ。三郷市の場合、その税額は、介護保険の分を合わせて夫婦二人世帯で年間三万円余になる。

夫婦二人の世帯だと、定額の保険税は、世帯ごとの二万円と、一人当たりの二万九千円が二人分なので計七万八千円で、家があれば固定資産税額に応じた負担もある。この上に所得に応じた負担を求められるが、低所得者には軽減措置もある。所得がない人は四割の負担に抑えられるので、七万八千円は三万円余に減額される。それでも、所得がない人にとってはやはり重い。日本総研の西沢和彦研究員は「国民健康保険は所得に関係なく、家族が多いと負担が増える『人頭税』のような側面がある」と指摘する。

市役所に生活保護（生保）の相談に行ったこともある。担当者は「同居の男性が自動車を持っているから保護の受給は難しい」と渋い顔を作った。さらに、ずっと連絡をとっていない子どもや親族のリストを書かされ、「生保はムリ」と思った。

「これ以上、もう迷惑はかけられない。長生きしたって仕方がない」

そう考えてインスリンをやめてから、めまいで立てなくなった。一日中布団に横になり、ベランダ越しに外の景色を眺めた。広場で子どもたちが遊んでいるのを見て三人の子どものことを思い出したが、「頼りにして迷惑をかけるなら死んだ方がマシ」と思った。

寝たきりの生活になり、九十キロあった体重が二十キロ減った。こうして一カ月ほど経った深夜、体の震えで目を覚ました。心臓を中心に体の左半分ががくがく震えた。もう終わりだ。台所にあったボールペンで広告の裏に走り書きした。

〈無縁仏にお願いします〉

そのまま食卓に突っ伏していたところを、たまたま起きてきた男性が見つけ、一一九番通報した。

搬送されたのは、千葉県流山市の東葛病院。女性が治療を受けている間に、病院の医療ソーシャルワーカー、柳田月美さんが男性に切り出した。

「本人は帰りたいと言っていますが、このまま退院したら命はありません」

男性はこう言うのがやっとだった。

「そんなに悪いんですか！　高血圧としか聞いていませんでした」

この時、すでに貯金はほとんど底をついていた。二人は柳田さんのすすめで生活保護を受けることにした。数日後、病室で目を覚ました女性は、男性から「金の心配はするな」と聞き、涙を流した。

いま、女性は退院し、週三回透析治療に通う。生活保護を受け、必要な医療は受けられる。容体は安定した。助けてもらったのはありがたいが、こうも思う。

「私なんかが生きちゃっていいのかしら。だって医療費も税金です。病気の人は大勢います。私の分をほかの人に回してあげなきゃいけないんじゃないのかな」

制度を知らず、手遅れも

東葛病院では、受診を我慢したことで手遅れになった可能性がある患者もいた。

警備会社に勤める流山市の五十代の女性は二〇一四年十一月末、胸の痛みに耐えきれず、病院を訪れた。胸のしこりからウミが出て、異臭がしていた。しこりに気づいたのは三カ月前の八月だった。そのまま放っておいたら、食事がのどを通らないほど痛くなり、救急を受診した。

医師は「乳がん」と診断して、すぐに抗がん剤治療を始めようとした。しかし、女性は「仕事を休みたくない」と言って治療をためらった。

対応したソーシャルワーカーの豊田恵太さんが暮らし向きを聞くと、「仕事が生きがい」という理由のほかに、お金の問題があることもうかがえた。

しばらく前に夫と離婚し、子どもと二人暮らしだった。ショッピングモールの警備をしていた女性の月収十四万~十五万円が、一家の主な収入だった。アパートの家賃五万三千円をひくと日々食べていくのがやっとで、貯金はほとんどゼロだった。国民健康保険（国保）を滞納していたため、保険証は渡されず、国保の「被保険者資格証明書」を持っていた。保険証があれば病院での窓口負担は三割ですむが、資格証明書の場合いったん窓口で医療費全額を支払わなければいけない。大金を工面することは女性には難しかった。仕事を休めばその分給料が減るのも、受診を控えた理由だった。

女性は豊田さんのすすめで生活保護を申請した。治療を始めたが、半年以上の治療も実らずがんは肝臓などに転移した。一五年秋、これ以上の治療が難しく、医師から「余命二カ月」と告げられた。

「私が我慢しちゃったからいけなかったんだよなあ」

病院の談話室で、いつもは明るい女性が見せた寂しそうな表情を、豊田さんは忘れられない。

女性は一五年十一月に息をひきとった。

お金がなくても受診できる仕組みはある。生活保護の利用者は必要な医療費が行政から支給される。生活保護受給者でなくても、貧しい人に対して医療費の自己負担分を減免する「無料低額診療」という制度もある。東葛病院も、無料低額診療を行っている。

だが、亡くなった女性はこれらの制度を利用できていなかった。

豊田さんは女性の受診が遅れたことが残念でならない。

「まだ腫瘍が小さい段階で受診していれば、女性はがんの摘出手術ができたかもしれませんでした。無料低額診療や生活保護制度を周知していかなければ、貧しい人が医療にかかれないケースは今後も続いてしまうでしょう」

誰もが国保や「協会けんぽ」などの公的医療保険に加入し、一〜三割の窓口負担を支払えば必要な医療を受けられるはずの「国民皆保険制度」の建前が崩れている。実際には保険税（料）が払えないために正規の保険証を持っていない人や、保険に入っていても窓口負担が払えず受診しない人が、少なからずいるからだ。受診の回数を減らしたり、高額な治療を断ったりする人もいる。

民間シンクタンク「日本医療政策機構」の〇八年の調査では、費用負担ができないという理由で医療を受けなかった経験が過去一年間にあった人は、世帯年収八百万円以上かつ金融資産二千万円以上の人々で一八％だった。一方、年収・金融資産ともに三百万円未満の低所得層は三九％にのぼった。

低所得者に重くのしかかる保険料

二〇一六年六月中旬。本降りの雨に濡れながら、埼玉県に住む元派遣社員の女性（42）は地元の市役所を訪ねて、窓口で緊張気味に切り出した。

「保険料の減免措置をうけたいのですが……」

海運会社に派遣されていたが、三月末で雇い止めにあった。国民年金は月約一万六千円の保険料がかかるし、前年の所得や家族の人数などで市町村ごとに決まる国民健康保険料（国保料）は女性の場合一万七千円になる。失業中の身には、負担が重すぎる。窓口で年金、国保ともに保険料が減免できると知り、ようやくほっと一息ついた。

ＩＴ関連会社で正社員として働いていたが、三十代半ばに体調を崩して辞め、派遣の仕事に就いた。派遣の仕事は最長二年、短くて三カ月でなくなった。そのたびに厚生年金から国民年金へ、企業の健康保険から国保へと切り替えた。失業中の保険料は貯金を取り崩して納めてきた。

銀行の口座には数十万円しか残っていない。仕事が見つかっても、月の手取りは多くて二十万円にしかならない。食費や洋服代を切り詰める生活が続く。それでも、「社会保険を負担するのは国民の義務。生活はつらいけど、きちんと払って当然」と思う。一方、少子化を理由に年金の支給額が減らされるとのニュースをたびたび目にし、不安が強まる。

「私が年をとった時、年金はほとんどもらえないなんてこと、ないですよね？」

国税庁の統計では、「ワーキングプア」とも言われる年収二百万円以下の給与所得者は全体の二割超を占める。この人たちにも、年金や医療など社会保険の負担はのしかかる。育児と仕事を一手に担うひとり親世帯では、なおさらだ。

関東に住む契約社員の三十代女性は、十二歳の長男と十歳の長女を育てるシングルマザーだ。〇八年に離婚してから、コールセンターで電話営業をしたり、スーパーでレジ打ちしたりと、働きづめの生活をしてきた。「正社員にならないか」と持ちかけられても育児を考えると残業ができないため、泣く泣く断った。

いくつかの仕事を掛け持ちしても、当時の月収は十数万円。ひとり親世帯に出る児童扶養手当などを含めても額面で二十万円くらいにしかならない。その中から年金と国保で約二万円を負担していた。遅れて支払うことも多く、年金は未納のままの期間もある。将来の給付は減るだろうが、あきらめている。

数年前、子育てと両立できる契約社員の仕事を見つけた。月収も手取り十七万円で厚生年金に加入できた。だが、育ち盛りの子どもはこれからお金がかかる。

「子どもの将来のために、少しずつでも貯金しないと」。不安が尽きない。

埼玉県に住む四十代女性は数年前に離婚し、長男との二人暮らし。自分でインターネット通販を手がけるなどして生計を立てる。夫と別れたことは納得しているが、想定外だったのは、上司のパワハラに耐えられなくなって大企業を退職したことだ。会社で入る健保組合から国保に切り替え、月々の保険料が倍近くにふくらんだ。

かつての年収は五百万円超あった。健康保険料は会社との折半で、自己負担は月一万八千円ほどだった。国保に入ると、子どもの分の負担も含めて三万五千円ほどに保険料が増えた。国民年金と合計で五万円以上の負担だ。

「会社を辞めるとこんなに重い保険料がかかるとは思っていませんでした。収入が不安定なのにギリギリの生活になってしまいました」

国保の保険料は、地方の自治体では保険税と呼ぶところも多い。自治体によって計算方法が違い、地域の所得水準や高齢化の状況によって負担額も違う。基本的には、所得に関係なく定額でかかる負担と、所得に応じた負担がある。定額負担には世帯ごとにかかるものと、家族数に応じてかかるものがある。

朝日新聞は、全国二十の政令指定都市と四十七の中核市、東京都中央区の計六十八市区から、一六年度の国保保険料について聞き取り調査をした。年収四百万円の給与所得者で四十代の夫婦と高校生、中学生の子供二人という条件で、最も保険料が高かったのは山口県下関市だった。国民健康保険は、介護保険料なども合わせて徴収しているが、下関市の場合、一世帯ごとに年額で四万六百円がかかる。これに家族一人につき四万五千円（四十歳未満は三万五千百円）が加わるので、四人家族だと二十万八百円は払わなければならない。所得が低い人のための軽減措置もあるが、所得がゼロでもこの三割分は払わなければならない。さらに所得に応じた負担が加わる。給与所得で年収四百万円の場合、約三十九万一千円なので、合計で年間に約五十九万二千円となる。

このケースでは、年収の一四・八％が保険料に費やされることになるが、中小企業の会社員らが加入する公的医療保険の「協会けんぽ」なら、会社と折半で負担するため、年収の約六％の負担で済む。協会けんぽの場合は、家族が多くても少なくても年収が同じなら保険料は変わらない。国保の場合、所得のない子供の分まで払わなければならないが、保険料には上限が設けられており、下関市の場合八十九万円と決まっている。所得が多い人は家族が多くてもこれ以上は負担しなくてもよいので、所得が高いほど負担割合が下がることになるが、貧乏人の子だくさんだと負担割合はより高くなる仕組みになっている。

突然の「差押」で預金がゼロに

所得が低い人にとって保険料（税）の負担は重い。だが、滞納に対して厳しい自治体が増えている。

横浜市で金属加工業を営む四十代の男性は二〇一四年十一月、取引先からの売掛金の入金を確認しようとした銀行で記帳した通帳を見て驚いた。四十九万円余りの入金があったその日に、残高が全額引き出されてゼロになり、通帳には「差押」と記されていたのだ。国民健康保険料約五十万円を滞納していたが、差し押さえの予告はなかった。

あわてて区役所の担当課に行き、頼み込んだ。

「このままでは生活ができません。半分だけでも返してもらえないでしょうか」

それに対して、担当者はこう答えた。

「取引先の保証があれば検討しましょう」

男性は必死で訴えた。

「理由も知らせずに保証を頼むようなことはできません。そんなことをして取引先に滞納を知られたら取引を切られてしまうではないですか。首をくくることになります」

それでも担当者は「自己責任でしょう」と取り合ってくれなかった。

結局、親戚に泣きついて、借金でしのがなければならなかった。

別の横浜市の男性も、数年前から事業が振るわず、住民税や国民健康保険料を滞納していた。男性は何とかお金を工面して納めるので待って欲しいと訴えたが、市の担当者は取引先が男性に支払う予定の売掛金を差し押さえようとした。担当者が売掛金の「調査」として取引先に連絡したため、大半の取引先が男性の滞納を知ることになったのだ。

「信用」で取引をしている中小業者にとって、売掛金を差し押さえられることは致命的だ。実際、男性は取引先から契約を次々と打ち切られて、倒産の危機に直面した。「あの時のことは今思い出しても恐怖を覚える」と振り返る。親戚や付き合いの長い会社から借金し、何とか営業を続けている。

横浜市の徴収対策課と保険年金課は売掛金調査について「取引停止の端緒になるのは好ましくないが、やめるわけにはいかない」と説明する。法律上は、滞納者に督促状を出して十日経っても納付がなければ差し押さえるのが原則だと主張している。あくまで、「きちんと納めている市民との均衡が第一」として、滞納に至った市民の生活再建については、一五年四月に始まった「生活困窮者自立支援制度」を案内するよう、担当者に指示しているという。

分納の約束を反故にした横浜市

さらに、横浜市には、滞納分を約束通り分割して納税していたのに差し押さえられた自営業の男性もいる。

二〇一四年度、国保料約二十万円を滞納していたが、区の担当者と分納の約束をして、毎月約束通りに納めていた。ところが、区は何の予告もなしに銀行預金を差し押さえた。仕方がなく義母から借りて完納したが、差し押さえが解かれるまでの数日間、引き出しもできず、口座引き落としも止まってしまった。妻は「日常の買い物すらできず、本当に困った。ここまでひどいことをする市とは思わなかった」と話す。

男性が市と交わした「分割納付計画書」には「計画書どおり履行されない場合（略）差押えや公売等の滞納処分の対象となる場合があります」と書いてある。計画通り納めれば差し押さえはしないと読める。男性は憤る。

「滞納したことは申し訳ないと思っていますが、あの時には仕事が減っていて、本当に保険料を払えなかったのです。何とか約束通り分納していたのに、突然差し押さえをするなんて行き過ぎです」

横浜市保険年金課はこう主張する。

「一般論として新たな財産が見つかれば、約束通り分納していても差し押さえることがある。法的に問題はない。担当者と組織の判断が違う場合もある。納付相談の時に説明しているはずだ」

横浜市は一三年度、税金の滞納に対して約三万七千件の差し押さえを実施した。人口あたりの差し押さえ件数では、二十の政令指定都市の中で二番目に多い。ピークの一九九八年度末に四百九十四億円あった滞納残高は、一四年度末に八十一億円まで減った。課税額に対する徴収できた額の割合を示す「徴収率」は一四年度が九八・七％で政令指定都市中二番目に高い。差し押さえの効果のようにも見える。

一五年七月、税の滞納処理を担当する職員の表彰式が市役所本庁であった。市内十八区役所の担当のうち一四年度の徴収額などの成績上位者ら約二十人が副市長から表彰され、記念写真に納まった。表彰が始まった時に横浜市長だった中田宏氏（日本の構造研究所代表）は、当時をこう振り返った。

「滞納が多いのに驚いた。トラブルを恐れて差し押さえに積極的ではなかったので、納税できるのに、その意思のない人には積極的に（差し押さえに）踏み込むように指示した。一方で、納められない人の執行停止（請求をやめること）も増えた」

「何で払わない」客の前で詰問

徴収が厳しいのは国保税だけではない。国の税金でも厳しい差し押さえを経験した人たちがいる。

宮城県仙台市のある飲食店は二〇一五年初め、営業中に予告もなく店に入ってきた税務署員にレジの中にあった現金九万円を差し押さえで取られた。レジを見ると、千円札二十枚しか残っていなかった。署員は店主の妻に近寄って尋ねた。

「消費税の滞納、いくらかわかっているのか」

妻が金額を答えると「何で払わない。大変でも払っているところはある」などと詰め寄ったという。

その飲食店は家族で切り盛りし、最盛期は年商一億円を超えていた。だが、父親が病気になって休んだり、東日本大震災で客足が減ったりして赤字に陥った。消費税などの滞納額は、割り増しの延滞税を含めて二百万円を超えた。

そこで税務署と相談し、一四年前半までは分納を続けていた。しかしその後、父親がまた入院し、余裕がなくなった。延滞税を減免する納税猶予制度があるが、店主は署員から説明を聞いたことがないという。

店主は差し押さえの時の税務署員の態度を思い出して憤る。

「客の前でプライバシーも何もありませんでした。営業妨害だ」


延滞税の負担は、長びく超低金利の中でも重い。

首都圏で一人で暮らす八十代の女性は、五十年以上住み慣れた自宅を公売にかけられ、立ち退きの不安におびえていた。〇七年に亡くなった夫が、その十四年前に父親が死亡した時の相続税四千百万円を滞納した。女性は夫の死後に問題を把握し、土地を売って本税を大幅に上回る五千万円余りを納税した。ところが、八千万円にのぼる延滞税を完納できず、公売に至ったのだ。

滞納期間中の延滞税は、ほぼ全期間、年一四・六%の利息がかかっていた。

延滞税率はマイナス金利になった一六年でも納期限後二カ月までが二・八%、その後は九・一%もかかる。低金利が長く続き、二カ月を超える延滞税率も一四年から市場金利に応じて毎年上げ下げする制度に改められた。ただし、適用されるのは制度が変わった後の期間で、さかのぼって下げるわけではない。

都内の七十代男性は一三年以来、自分の年金を担保に融資を受け、滞納や取引先への支払いに充ててきた。経営する内装会社の業績が悪化し、税や社会保険料の滞納が約一千万円ある。年金から支払いや返済額を引くと、手元に残る生活費は夫婦で月十万円余り。生活保護基準を下回っている。男性は「税や保険料は精いっぱい払ってきたが、延滞税が重くて残高が減らない。安倍首相は再チャレンジできる社会を目指すと言うが、今は一度つまずいたら立ち上がれない」と話す。税理士に相談し、徴収の停止を求めていくつもりだという。

国税局ＯＢの大野寛税理士は、一五年に滞納相談センター（電話03-6268-8091）を立ち上げた。徴税に絡む自殺のニュースが各地から届くようになったことに心を痛め、対処法をまとめた『差押え』という本を一二年に仲間の税理士と出版したところ、滞納の相談が増えたことがきっかけだった。

大野税理士は、滞納相談センターの会長としてこう話す。

「この十年ほどで自治体の徴収が非常に厳しくなりました。国から地方への税源移譲の結果、力を入れたためと言われます。最近は、国や自治体が強い権限を持っていることばかり徴収担当者に教え、憲法の基本的人権の教育が足りないのではないでしょうか。分割納税だけでは延滞税が発生し、滞納者の窮状は解決しません。延滞税を減免できる納税猶予制度を周知して、税が命を奪うようなことは無くして欲しい」

大病院ほど苦しい「損税」とは

庶民が苦労して保険料を負担していることで、病院の経営は安定していると考える人は多いだろう。ところが、病院の経営に重くのしかかっている負担がある。

医療費は非課税だが、先述のように仕入れには消費税がかかる。病院などにとって、仕入れは医療機器や医療材料だ。仕入れで消費税がかかっても病院は消費税を取れないので、それを患者には「転嫁」ができない。そのため、医療関係者は消費税を「損税」と呼ぶ。消費税率があがれば、これらの「損税」は増える。

「今年度は十億円の赤字です！　節約しませんか？　ペーパータオルはたくさん取らずに一枚だけ」

千葉市の千葉大学医学部付属病院（ベッド数八百三十五床）の職員用トイレにはこんな貼り紙があった。同病院の二〇一四年度決算は七億円の赤字だった。〇四年度に国立大学法人になって初の赤字だ。一四年度に消費税率が八％に増税されたことが病院経営を直撃した。今回の増税で同病院の仕入れにかかる消費税の支払いは五億円増えた。厚生労働省は消費増税に合わせて診療報酬をあげたと説明するが、その値上げ分を差し引いても二億円の負担増になった。

同病院は赤字対策としてあらゆる経費節減に取り組んでいる。残業を減らすため、従来は午後六時や七時に始めていた医療スタッフの会議を五時開始に早めた。手術用の帽子や注射器などは千葉市立の二病院と組んで共同購入し、単価の引き下げを図った。

薬はもともと、特許切れで安く提供される「後発薬」を優先してきたが、さらに徹底し、一五年七月には後発薬の比率が八〇％に達した。一五年二月には三本目となる井戸を新たに掘った。病院で使う水の八割が地下水となり、年間一千万円の水道代を削った。

山本修一院長は、次のように窮状を訴える。

「大学病院は最先端の医療に携わることができるから、勉強をしたい人材が集まります。ところが、最先端の医療機器は高いので、導入すればするほど消費税の負担が増えて経営が圧迫されます。大学病院を維持していくためには必要な投資なのに、後ろから撃たれているような感じです」

苦しいのは私立大学病院も同じだ。川崎市の聖マリアンナ医科大学病院（一千二百八床）では、診察室のパソコンの電源を入れると「ＸＰ」の文字が浮かび上がる。一四年四月、顧客へのサポートを終了した米マイクロソフト社の基本ソフト、ウィンドウズＸＰをいまだに使用しているのだ。同病院は更新する予定だったが、延期して約二十億円の経費を浮かせた。インターネットに接続していると、外部からの攻撃を受けやすくなるが、院内だけのシステムで、大手パソコンメーカーの協力を得ているので問題はないという。さらに業務委託していた看護助手は、直接雇用に切り替えた。委託費はサービス料なので消費税がかかるが、給料には消費税はかからないからだ。

医師らの人件費に切り込む病院も出てきた。千葉県鴨川市に拠点を置く亀田総合病院グループ（九百九十二床）は、一五年度の職員のボーナスを五～六％引き下げた。一四年度の消費税支払額が前年度より約四億円増えたためだ。これは一三年度の税引き前利益約一・五億円を上回り、赤字が現実味を帯びたからだ。

亀田隆明理事長は、こう話す。

「国は診療報酬に消費税分が含まれているというが、医療機関の経営は様々なので、病院が負担している消費税を正しく反映することは不可能です。大きな設備投資をしたり医療材料を多く使ったりする基幹病院ほど消費税の負担が重くなっています」

存続の危機に立つ中小病院も

中小病院からも悲鳴があがる。首都圏のある医療法人の理事長は、消費増税後の一年間で十の病院から「買収してもらえないか」と打診があったと明かす。

「病院の間の患者の獲得競争が激しくなっています。消費税の増税で収益を圧迫されている大病院が、利益を確保するために患者数を増やしているので、都心の百床以下の病院は、周囲の大型病院に患者を取られて大変なようです」

厚労省は実態調査を踏まえて診療報酬を決めてきたが、すべての診療でかかる消費税を正確に報酬に反映させるのは難しい。消費税八％にともなって引き上げたのは約七千項目の診療報酬本体のうち初診料や再診料、入院基本料など一部で、多くの患者に関係する項目ではあるが、消費税の負担とは関係が薄い。これでは、物品購入や設備が多い医療機関ほど「損税」が発生しやすく、比較的簡単な診療が多い開業医などは消費税負担より多めに配分される可能性がある。そもそも、「医療は非課税」と大見得を切りながら診療報酬を上げることは、患者にとって負担増であることに変わりがない。

医療と同様、介護保険のサービスも非課税のため、物品購入にかかる消費税が重荷になっている。

東京都世田谷区の特別養護老人ホーム「博水の郷」では、八％への増税で年間の消費税支払いが約六百万円増えた。光熱費やリネン、おむつなど仕入れる物品のほぼすべてに消費税がかかる。送迎車の運転も業務委託をしているので、委託費に消費税が乗ってくる。

政府は介護事業者の負担増を穴埋めするとして、増税時に介護報酬を〇・六三％引き上げた。だが、博水の郷の介護報酬は約三百万円しか増えなかった。田中雅英施設長は「全く足りません」と話す。コスト削減のため、三月から事務職員を一人減らし、残りの六人が残業でカバーする。照明はＬＥＤに切り替え、近く節水装置も導入する。

「非課税」と「免税」で大差

医療・介護機関が消費増税に苦しむ一方で、自動車などの輸出産業は消費税の「還付」を受けている。輸出品は海外で売る時にその国で課税されることを考慮して、消費税をかけない。かけないのは「非課税」の医療・介護と同じだが、輸出は「免税」と呼ばれ、仕入れにかかった消費税が戻るのだ。

一般の商品の場合、小売店などは消費者から受け取った消費税から、仕入れで卸売業者らに支払った消費税を引いた差額を納税する「仕入れ税額控除」が認められる。

消費税がかからない輸出が多い企業は、受け取る消費税より仕入れで支払った消費税が多くなるので、仕入れ税額控除が認められて、差額が税務署から還付される。一方で医療・介護はこうした還付がない代わりに、診療報酬や介護報酬に仕入れの消費税分が入っていることになっている。二〇一四年度の消費税還付金は三・四兆円（地方消費税分を除く）で、税率五％だった前年度から一兆円近く増えた。大半が輸出によると見られる。国の消費税収約十六兆円は、還付金を引いた残りだ。

大手自動車メーカー五社が受け取った還付金を元静岡大学教授の湖東京至税理士が一四年度決算などを基に推計したところ、計六千億円だった。前年度より二千七百七億円多い。日本の自動車輸出額は約七十六兆円にのぼる。一方、「非課税」の医療と介護を合わせると約五十兆円ある。医療・介護の消費税額は、それなりの金額になることは間違いない。税率が一〇％になればさらに膨らむ。

国立大学付属病院長会議によると、全国四十三の国立大学付属病院の一四年度決算は合算で八十四億円の赤字となった。赤字は〇四年度の国立大学法人移行後、初めてで、一四年度から消費税率が八％に上がり、病院が仕入れる物品や設備にかかる税負担が増えたことが主な理由だという。

増税に対応して診療報酬が上がったことによる増収が、四十三病院で計百十七億円あったが、光熱費や消耗品を含む消費税の支払いは計百七十一億円増え、差し引き五十四億円の持ち出しになった。消費税負担が重荷になる設備・備品の購入額は前年度より計八十七億円、三四％減らしたとしており、診療報酬でごまかし続けると、先端医療にしわ寄せがいく可能性が高い。

補助金を求める声もあるが、それでは机上の対応で「損」と「得」を生んだ診療報酬の二の舞になる。輸出のような「免税」の扱いにして、かかった消費税を還付するほうが中立的で無駄が少なくすむ。

しかし、消費税率が今後上がっていくと、本当に支払った消費税を確認することが難しい現状では、ほかの業種を含めて「不正」の余地が広がってしまう。

やはり、流通のそれぞれの段階で支払った消費税を記録する「インボイス」（26ページ参照）の導入が欠かせない。

第三章　固定資産税というブラックボックス

市町村のドル箱「固定資産税」

日本では、土地イコール財産と考える「土地神話」が根強い。しかし、バブル崩壊後の「失われた二十年」と少子高齢化による空き家増加により、大都市圏の一部を例外として、地価は下落基調にある。とくに郊外では、買い手も借り手もつかず、実質的には資産価値がほとんどない土地や建物が増えている。

だが、空き地や空き家であっても、固定資産税は必ず毎年かかる。あなたが住んでいる市町村が、総務省の「固定資産評価基準」に基づいて税額を計算し、請求してくるのだ。固定資産税は市町村にとって基幹的な収入源だ。固定資産税と、市街化区域の土地・建物にかかる「都市計画税」と合わせて、市町村の税収の半分を占めている（図5参照）。

ところが、固定資産税の計算方式は複雑でわかりにくいため、十分に理解していない市町村の担当者が多い。そのため計算ミスによって過大に請求されているケースが多発している。しかも、計算ミスがあっても市町村はなかなか認めない。基幹的な収入源を失うわけにはいかないからだ。さらに、土地にかかる固定資産税の算出根拠になる公示地価も、自治体に都合よく高値に維持されるよう〝操作〟されている実態も明らかになってきた。

重くのしかかる固定資産税が、地方の不動産の価値をさらに下落させる。そのため買い手も借り手もますます離れ、寂れたシャッター商店街をさらに衰退させるという悪循環が始まっている。

図5　全国の市町村税の内訳（2014年度決算）

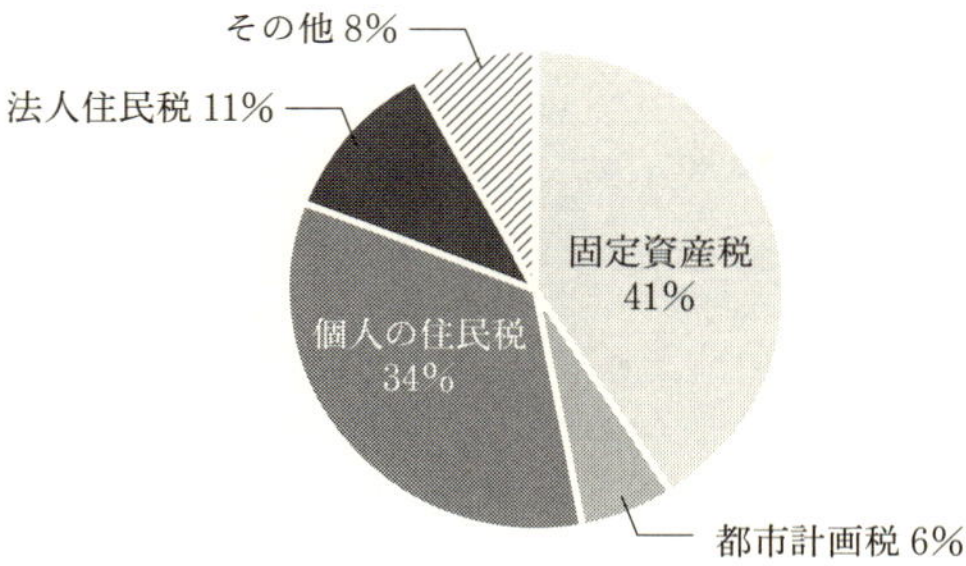

子々孫々まで続く「死亡者課税」

ある日突然、地方の役場から、見たこともない土地の固定資産税を払うよう求められるケースがある。土地の持ち主が死亡し、登記を変えずに放置していると、その子孫係累にまで固定資産税の請求書が届くのだ。これを「死亡者課税」という。

二〇一三年、大阪府の男性会社員（62）のもとに、まったく身に覚えのない土地の固定資産税を支払うよう求める通知書が届いた。差出人は愛媛県内のある自治体で、横書きの納税通知書の宛名には、男性の名前の下に「（亡〇〇〇〇様分）」と、彼が生まれるより十六年も前の一九三八年に亡くなった祖父の弟の名前が書いてある。

通知は、次のように始まっている。

「この通知書は、下記固定資産の所有者として登記簿等に登録又は登記されている方がお亡くなりになっているため、相続人に対し、地方税法第３６４条の規定により課税内容及び課税明細をお知らせするものです」

要するに、祖父の弟の名義のまま放置されてきた土地の固定資産税を支払うよう求める通知である。

その土地は、祖父の弟が三十二歳の若さで亡くなった後、誰も相続していなかった。誰も相続しなくても、「放棄」の手続きを取らない限り、自治体は戸籍をたどって一方的に相続権のある者を探し出して課税してくる。そこで長男だった祖父が「相続人代表者」に指定され、固定資産税を納めていた。祖父の死後は父がその指定を受け、所有者の死後も七十年以上、固定資産税を納めてきた。そして父の死によって、新たに代表者として男性が指定されたというわけだ。現地を見に行くと、起伏の大きな山林や荒れ地で、男性には利用価値が乏しかった。

ところが、役所からの通知書には「相続財産は相続人全員の共有財産となるため、全員に固定資産税の連帯納税義務が生じます」などと書いてある。この土地には九十四万四千円の固定資産評価がついており、年に一万三千二百円の税金を払うよう求められた。

「このまま自分の子孫にこの負担を残すわけにはいかない」

そう考えた男性が自治体に相談すると、隣の農家が引き取ってくれるという。しかし、農家に土地を譲るためには、男性がいったん所有者にならないと契約ができない。

ところが、誰も相続をせずに七十年以上放置してきたことで、相続権がある子孫は三十八人にも増えていた。男性名義にするためには三十八人全員の同意が必要だ。親戚といっても、会ったことさえない人もたくさんいた。一三年十二月に全員に手紙を送り、半年で三十五人の同意は得られたが、三人からは返事さえ来なかった。

残された手段は裁判しかない。やむをえず男性は親戚三十八人を相手に、土地の名義を変えるための訴訟を松山地裁で起こした。裁判の結果、名義変更はようやく認められた。こうして土地を譲渡できたのは一六年六月だった。この間、弁護士費用や登記費用などで計百三十万円もかかった。固定資産税の百年分だ。

名ばかりの「相続人代表者」

兵庫県の女性（53）も、八十代の母とともに二十年以上、同じ状況で苦しんでいた。その土地もたまたま愛媛県にあった。名義は女性にとって「祖父の兄」だが、四十年前に他界し、相続登記の手続きをしていなかった。

自治体は、まず祖父を「相続人代表者」に指定し、祖父の死後は伯母、そして母が順に固定資産税を納めてきた。高齢の母にとって、遠方にある約八十㎡の土地に利用価値はない。それでも自治体は約百三十万円の固定資産評価額をつけ、毎年一万三千円ほどの納税を迫ってくる。月五万円弱の年金をやりくりして一人で暮らす母にとって大きな負担になっている。女性がその費用を肩代わりしてきたが、女性にとっても意味のない出費だ。

一四年には、土地を買いたいという人が現れた。ようやく処分できると思って司法書士に相談すると、「売るためには名義人を母に変えなければならない」と告げられた。そのためには相続の権利を持つ親族全員から同意を得る必要がある。名義人が死亡して四十年たつ間に、相続の権利をもつ親族の総数は四十人近くに増えていた。いちいち連絡を取ったり、連絡が取れない人を相手に訴訟をしたりする手間や費用を考えると、売るのをあきらめるしかなかった。

そうこうするうちに、今度は面識もなかった親族の一人が母に無断で土地を賃貸駐車場として使いはじめた。女性は「実際に土地を使っている親族が納税するのが筋ではないか」と自治体にただしたが、担当者は「相続人代表者の変更届を出してくれ」と繰り返すばかり。だが変更届を出すにも相続人全員の合意がいる。自治体は一方的に代表者を指定しておきながら、その変更には全員の合意を求めるという非常に高いハードルを設けている。

「自分たちでは土地を使うことも処分することもできないのに、税金を負担するだけです。自治体は税金を集めることさえできればよくて、納税者の苦しみなどお構いなしです。わざと滞納すれば、自治体は土地を差し押さえて処分してくれるのでしょうか」

こう彼女は嘆息する。母が他界したら、今度は自分が自治体から相続人代表者に指定されかねない。その時は相続を放棄して、この固定資産税の呪縛から逃れようと考えている。

相続放棄で荒れる山村

過疎化とともに農林業から離れる人が増え続けている日本の山村は似たような状態にある。亡くなった親族の土地に利用価値を見いだせず、相続の手続きをしない人や、相続放棄をする人は後を絶たない。

車がようやく一台通れる細い道を抜けて、広島県の山奥のある集落に着いた。その集落を見渡す丘の中腹にある農家の土壁は崩れ、縁側の障子が破れて風に揺れていた。ここに一人で暮らしていた男性は十年ほど前に八十八歳で亡くなったが、相続する人はいない。

相続する人がいない財産は家庭裁判所が選ぶ「相続財産管理人」が管理する。弁護士や司法書士が指定されることが多い。不動産が売れれば、管理人は報酬を取ったうえで国庫に納めるのが通常の流れだ。しかし「売るに売れない不動産」は、管理人の手にも余る。

この空き家の管理人になった司法書士によると、土地に約百万円、家に約七万円の固定資産評価額がついており、ほかに田畑や山林もある。司法書士は、男性が残した約百五十万円の預金の中から年約一万円の固定資産税を払い、草を刈るなどの管理をして、売れるのを待っている状態だ。

司法書士はこう嘆く。

「ただでもいらないと言われます。最低限、雑草取りはしなければいけませんし、屋根が落ちて誰かがけがをするかもしれません。最近は農家も高齢化して、農地を引き受けてくれる人もいません。それでも固定資産税は払わないといけない。公示地価は大きく下がっていますが、利用価値を見いだす人がいないので時価はもっと下がっており、固定資産評価額が時価を逆転した状態です。税金を払うために『管理費』名目のお金を積んで、ようやく引き取ってくれる人が現れるかどうかです」

要するに「マイナス価格」での土地取引だ。だが、そんな取引の仲介を頼める不動産業者はまずいないという。宅地建物取引業法で、不動産売買の仲介手数料は「二百万円以下は五％が上限」と定められている。取引価格がマイナスになることは想定していないかもしれないが、仲介手数料をとることが違法になる可能性が高い。

司法書士が担当した別の物件で、約百㎡の土地に立つ木造二階建ての家は、固定資産評価額が約二百五十万円だった。相続人が買い手を見つけたが、実際に売れた価格は十万円。もし不動産業者が仲介しても、手数料は消費税抜きで最大五千円にしかならない。

地元の不動産業者は、こう話す。

「物件の仲介をして売るためには調査が必要です。登記簿で権利関係を確認したり、敷地の境界を確認したりします。境界がはっきりしなくて測量が必要だと何十万円もかかります。そもそも、住むことができるのか。ダニがいれば駆除しなければいけないし、雨漏りがあれば直さなければいけない。五千円では話になりません。売れないと値段が下がる。値段が下がると報酬が下がるから売ろうとしない。悪循環です」

遺族が相続をして売却をする意思があったとしても、相続や所有権を移すための登記だけで、手数料が三十万円ほどかかる。前出の司法書士が言う。

「十万円で家を売るのに三十万円かかるのでは、亡くなった人の名義のまま放置しても仕方がありません。司法書士も不動産業者も、ここでは仕事になりにくいので、あと二十〜三十年たったら専門家がいなくなる。そのうち土地の境界がわかる人もいなくなる。どこにあるかもわからない土地の固定資産税を払うことになります。固定資産評価額で売ったら詐欺ですよ。市民はどう考えても高い固定資産税を払わされていますす」

バブル「リゾートマンション」の現在

バブル景気のころ、全国にリゾートマンションが急激に増えた。中でも集中したのが新潟県湯沢町だ。不動産情報会社の東京カンテイによると、全国に約八万戸のリゾートマンションがあるが、湯沢町にダントツの約一万三千戸が集まっている。その結果、湯沢町には住民票を置く約三千七百世帯の約四倍のマンション戸数がある。

しかし、原田知世主演の映画「私をスキーに連れてって」（一九八七年）で盛り上がったスキーブームも去り、リゾートマンションの価格は暴落している。その下落に拍車をかけているのが、高額な固定資産税である。

湯沢町では、午後一時半になるとリゾートマンションを巡る無料の「ショッピングバス」が走る。地元のスーパー「のぐち」が週五日運行し、四方面に分けて、十五のマンションで客を乗せて、越後湯沢駅から一キロほど離れた国道沿いにある湯沢ハーツ店まで送る。そして、四十~五十分の買い物を終えた客をリゾートマンションまで送り届ける。冬期間は雪の多い苗場方面は運休となる。のぐちによると、一日の利用者は五十人程度だという。

バスを運行する湯沢ハーツ店の千喜良《ちぎら》勝文店長が話す。

「リゾートマンションのお客はもともとお金がある人たちですから、客単価が高いですね。バスはペイしています。利用者が多いのは六十五歳以上の会員のポイントを優遇する『シルバーデー』の木曜日です」

利用者はリゾートマンションに住む高齢者だ。夫婦でバスを利用した男性は「七十五歳になるので、運転免許は返上しました。一年ほど前にリゾートマンションを買って東京から移住しました。マンションは温泉で決めました」と話した。

リゾートマンションの利用者は、スキーシーズンにやってくる若者から、定住する高齢者に変わっている。従来はキッチンが小さいなど、定住には向かないと考えられてきたが様変わりしているのだ。町によると、二〇一六年四月の町民八千人余りのうち、一千人余りがリゾートマンションに住民票を置いている。町民に占める割合は〇六年に五％を超え、十年で一二・四％まで増えた。課題はリゾートマンションの高齢化率が四三％超と、町全体より八ポイントも高いことだ。バブル景気のリゾートブームで買った人たちが定年を迎えるなどして移り住んでいることに加え、地元の人も高齢で冬の雪下ろしが負担などの理由で移住しているという。

自らも定住している管理組合の理事長は、実態をこう話す。

「数十万円の物件なので、借金なしで買える。管理費は高いが、大浴場が使えるので、光熱水費は安い。別荘としてたまに使うと負担に感じますが、住むと快適です。問題は介護が必要な人が出ていることです。共同の大浴場はいいのですが、排泄物で汚す人もいます。亡くなって連絡しても、遺体も部屋もいらないという遺族もいます。相続放棄はこれから増えるでしょう」

投げ売りなのに固定資産税が高いまま

そんなリゾートマンション定住者の間で負担感が高まっているのが、固定資産税だ。一六年八月、町内のリゾートマンションの理事長ら三十人が集まり、町の担当者、警察、消防などの関係者と意見交換をする「連絡会議」が、田村正幸町長も出席して開かれた。席上、理事長から固定資産税に関する質問が続いた。

「固定資産税が高いという共通の認識がある。時価評価方式に移行する考えはあるか」「『移住定住促進プロジェクト』で住宅取得を支援する財源があるなら固定資産税を下げることもできるのでは」

固定資産税を計算するもとになる建物の評価額は、同じ建物を建てるのにいくらかかるかを、所管する総務省が決める基準で積算して、経年劣化分の減額をする（再建築価格）。そのため、マンションの評価額は、同じ建物であれば立っている場所に関係なく同じになる。その評価額に一・四％をかけて税額を算出する。いろいろ例外規定があるが、五百万円と評価されたマンションの固定資産税は年間で七万円になる。連絡会議で「時価評価方式」が話題になったのは、バブルのころ集中的に建てられた湯沢町のリゾートマンションの価格が大きく崩れて、実際の販売価格に対して固定資産税の負担が大きいと考える人が多いためだ。

リゾートマンションの不動産広告を見ると、部屋が二階になっているメゾネットタイプで七十㎡以上ある物件についた価格が十万円なのに、年間の固定資産税額がそれに近いようなケースもある。投げ売り状態なのに、固定資産評価額が規定通り面積に応じて高くなるためだ。販売価格と固定資産評価額がかけ離れてしまっている。リゾートマンションに付属する大浴場など共用施設にかかる固定資産税は部屋の面積に応じて所有者が負担する。部屋の面積だけで見ると東京のマンションよりも割高になることもある。

しかし、高橋弘介税務町民部長は、次のように答えて、時価評価方式を否定した。「再建築価格による評価方式は自治体の安定した財源確保のためです。時価評価方式は税収入が不安定になる要素がある。地方税法で決まるので、それに則ってやっていく」

固定資産税引き下げの財源に使えないのかと提案があった「移住定住促進プロジェクト」は、同町が、若者が生まれ育った町に戻るUターンや、故郷ではなくても移住するIターンのきっかけになる補助金を出そうというもので、一六年八月に打ち出した。町の高齢化を少しでも緩和するために、①町内に移住する夫婦が新たに家を買った場合の固定資産税相当を、最大十五万円、五年間にわたって補助する②新幹線通勤の定期券代を一カ月

図6　湯沢町の固定資産税とリゾートマンション

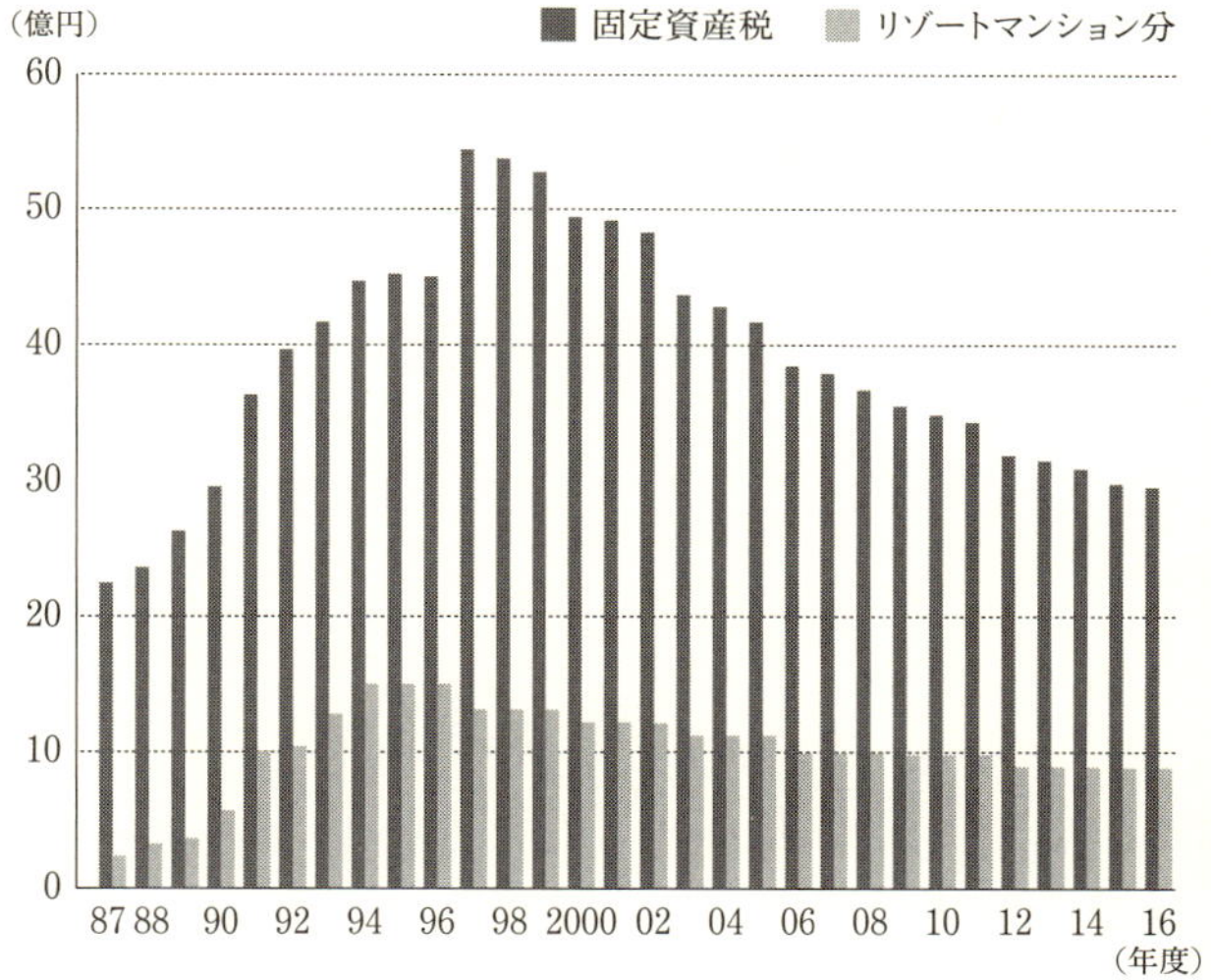

最大五万円、十年間補助する――などという内容だ。購入する家はリゾートマンションも対象になるが、夫婦合わせた年齢が八十歳までが対象なので、リゾートマンションのいまの居住者像からは外れている。

この引き下げ案についても町は「その点は考えていない」と否定したが、リゾートマンション住民からすると、町の財政は自分たちが払う固定資産税が支えているという意識が強い。

というのも、湯沢町の町税収入の八割は三十億円弱の固定資産税だからだ。そのうち、リゾートマンションは約八億九千万円と三割を占める（図6参照）。町を支えてきたスキー場やホテルが斜陽化して法人税が減っても、人口が高齢化して住民税を払う人が減っても、固定資産税は建物などがある限り、支払わなければならない。リゾートマンションの部屋数が湯沢町の世帯数の四倍あるということは、それだけ町外の人が固定資産税を払って支えてきたことにもなる。

一万円でも売れない

ところが、リゾートマンションの実際の価格の下落は、深刻さを増している。一六年十二月、新潟地裁長岡支部で湯沢町のリゾートマンション九戸が借金の担保として入札で売られる競売にかけられた。八八年から九〇年までのバブル期に建てられた約二十三〜四十四㎡だが、裁判所の評価額は八戸が一万円で、一戸が十五万円と信じられない低さだった。入札の結果、七戸が一万〜十六万一円で落札され、二戸は売れなかった。

これほど価格が安いのは、いずれの部屋にも管理費や修繕積立金の滞納があったためだ。競売で落札した人は前の持ち主の滞納でも原則として引き継がなければならない。滞納額は約三十七万〜一千四百六十六万円で、滞納額が建物の評価額を上回るが、マイナスの金額はつけられないため、裁判所は便宜上、一万円の評価額をつける。実は借金の塊を買うため、一万円でも買い手がつかないということだ。一戸の評価が十五万円だったのは、管理組合が滞納金を放棄したためだったが、それが最も高い十六万一円で売れたのだった。

借金を別にして、建物自体の評価が一番高かったのは、八九年に建った十四階建ての最上階にある約四十四㎡の部屋で、ジャグジーやサウナ付きの大浴場と、フィットネスルームやビリヤードコーナーもあるホテルのようなマンションだが、百二十九万円と評価された。しかし、滞納が百三十六万円余りあったことなどからマイナスで、結局一万円の評価になった。建物の評価が最も低かったのは、八八年に建った約三十六㎡の部屋で十二万円だったが、滞納が約一千四百六十六万円もあった。

全国の裁判所がインターネットで公開する競売物件を調べたデータベースを運営している不動産競売流通協会（青山一広代表）によると、湯沢町のマンションの競売による落札平均額（一㎡当たり）は、一〇年度には全国平均の六二％の一万四千円余りだったが、一五年度には同一七％の二千六百円余りにまで下がった。

競売をする時には、裁判所が物件の評価をする。湯沢町のリゾートマンションの評価書にはほぼ共通して次のことが書いてある。

「湯沢町のスキー場利用者は九二年度の八百十八万人をピークに大幅な減少が続き、一五年度には約二百四十六万人であった。一一年度からはやや回復傾向となったが、二百五十万人前後で増減を繰り返している。若者のレジャーの多様化などにより、今後も大幅な回復を見込むのは難しい状況にある」

あるマンションの評価書はこんな書き方をしている。

「新幹線や高速道路から比較的近く、諸条件に恵まれてはいるが、ブームが去って久しく、マンションの利用率は低く、今やそこはかとなくうら寂しい雰囲気が漂っている」

競売にかけるのは管理組合だ。住宅の場合、住宅ローンを融資した銀行などが競売にかけることが多いが、リゾートマンションの場合、競売しても経費ばかりかかって融資はほとんど回収できないので、銀行は動かない。しかし、滞納は放置すると膨らむばかりだし、放置すればほかの所有者にも広がる心配がある。そうなると、マンションの価値はさらに落ちて管理組合が崩壊する。

悪質な滞納に歯止めをかけるためには、管理組合が自ら動いて競売にかけるだけではなく、入札に参加する人がいないことを見越して、自ら落札して滞納をなくし、新たな入居者を探すことが多い。九戸のうち七戸が落札された一六年十二月の競売でも、六戸は管理組合が落札したと見られる。

あるリゾートマンションは約二百五十戸のうち滞納が四十戸あったことがあるというが、競売をするなどの対応を続けて、一七年春に解消したという。

この管理組合の理事長が言う。

「管理費を滞納するということは、固定資産税も滞納している。我々が滞納を解消して新たな入居者を見つけるということは、固定資産税をきちんと払う人を増やしているということです。競売にかけるために我々は一戸当たり百万円ぐらいの弁護士費用などをかけている。それだけ町に貢献しているということになります」

修繕積立金を狙う闇の勢力？

こんなに苦労をして入居者を変えても、次の入居者がまた滞納を始めることがある。実は、先述の九戸のうち一戸は、一〇年に競売で滋賀県の会社が買ったが、引き継ぐはずの滞納さえも支払われなかった。滞納額は〇七年からの約二百三十万円に膨らみ、管理組合が再度、競売を申請した。

あるマンションでは競売で売れた二戸が、一六年三月と四月、沖縄の宗教法人の名義で登記された。マンションのほかの持ち主によると、宗教法人は管理費を滞納するだけでなく、入れ墨をした人たちが部屋に出入りして共同の大浴場も使う。管理人が入れ墨の人は風呂を使わないよう注意してもやめないという。

この二戸のうち、約三十三万円で落札された部屋は八九年に、いまは経営破綻した東京の会社が買った。その後、九四年に、湯沢町の別のリゾートマンションと、山梨県山中湖村のリゾートマンションの計三戸を担保に五億円を限度とする融資枠が設定された。山中湖村の物件も、一四年に競売で売却された。各地のリゾートマンションが格安で処分されている実態がある。

別のマンションの管理組合理事長は心配する。

「マンションは安くなると様々な人が買って入ってくる。暴力団だったら暴力団対策法で追い出すことができますが、当局のリストにない連中もたくさんいる。そういう連中は何をしたら法に触れるかを知ったうえで、嫌がらせをするのでタチが悪い。マンションが戸建てと違うのは、管理組合に数千万円から億円単位の修繕積立金があることです。住民が嫌気がさして出ていって、管理組合が乗っ取られたら大変なことになる。場合によっては水道を止めるぐらいの毅然とした態度で向き合わないとつけ込まれます」

こうした事態は、リゾートマンションだけで起きることではない。少子化が進むにつれて、都会のマンションでも値段が下がり、管理をしっかりしなければ様々なトラブルにつながってさらに価値が落ちる心配がある。

リゾート開発に詳しい静岡大学の桜井良治教授は、こう警告する。

「湯沢町が資産価値を無視した固定資産税をかけ続けることで、資産価値の暴落と町のゴースト化を促進しています。最大のリスクは、買ってしまったら売ることが難しい『マイナス資産』が多いことです。湯沢町にもリゾートマンションをホテルに変えた例がありますが、多くはできません。町は供給過多をもたらした責任を感じて、固定資産税を引き下げるべきです。そうすれば、有効利用を考える動きも出てくることでしょう」

「売れない、貸せない」でも増税

地方の山村やリゾートマンションだけではない。首都圏でも、土地は「資産」ではなく、貸すことも売ることもできずに固定資産税を払わなければならないだけの「負債」に変わりつつある。

神奈川横須賀市の六十代の男性は二〇一五年夏、〇七年に親から相続して以来、ずっと空き家になっていた実家の処分に奔走した。放置すれば、空き家にかかる固定資産税が一気に上がる可能性が出てきたからだ。

実家は築四十五年の木造二階建てで、駅まで歩いて二十分かかる。立地の悪さもあって借り手も、買い手もまったくつかなかった。壁面の塗装ははがれ、最近では隣家から荒れた庭木の苦情がくるようになっていた。

そんな状態でも放置してきたのは、空き家でも立ってさえいれば住宅用地とみなされて、土地にかかる税金が安く済んだからだ。住宅用地には、固定資産税を計算する際の基礎になる「課税標準額」が評価額の六分の一（二百㎡を超えた分は三分の一）になる特例があり、男性の実家の税金も年五万円ほどで済んでいた。

ところが、一五年五月に「空き家対策特別措置法」が施行され、事情が変わった。倒壊の危険や衛生上の問題がある空き家を、市町村が「特定空き家」に認定し、持ち主に対して改善を迫るものだ。修理するなどして空き家をきれいな状態に保たないと、固定資産税の優遇がなくなって大幅な増税になる。

「このままだと金食い虫になりかねない」と感じた男性は、懇意の不動産業者に頼み込み、なんとか空き家を数百万円で買い取ってもらった。ただ、その所得には、不動産を売った際の課税の取り決めによって八十万円近い税金がかかることになった。

「売れない、貸せない、でも税金ばかりかかる。親には申し訳ないが、三重苦のありがた迷惑な遺産でした」と男性は話す。

横須賀市によると、直近の統計になる一三年の空き家数は市内に約二万九千戸ある。全住宅に占める空き家の割合は一五％に迫り、全国平均（一三・五％）を上回る。

終戦前後の時期や高度成長期、横須賀市は住宅建築ラッシュに沸いた。地価が高騰したバブル期も、東京郊外に手頃な価格でマイホームが手に入ると、サラリーマンらが続々と家を建てた。しかし近年は、高齢化や人口減に加えて都心回帰の傾向も強まり、空き家はさらに増える見通しだ。

横須賀市も対策に頭を痛めている。一四年末、ある空き家の取り壊しを命じたところ、家の相続権を持っていた親族五人が一斉に相続を放棄した。市は一五年三月、約七十万円かけて「代執行」による解体に踏み切った。九月には、所有者がわからない空き家について、解体を命じる「公告」を出した。所有者が現れずに市が解体したが、その費用は百万円超になった。公告による解体命令は全国初という。

課税額の計算ミスが頻発

固定資産税は住民税と違い、各自治体が一方的に税額を計算して納税通知書を送ってくる「賦課課税方式」である。ところが、課税する自治体の計算ミスが、各地で表面化している。

横浜市でアパートを経営する七十代の男性は一二年、二十年間にわたって余計に固定資産税を納めていたことを知った。入居者用の駐車場として使っているアパートの隣接地に、誤って本来の約六倍の税金がかけられていたのだ。

住宅用の土地は、固定資産税を計算する際、二百㎡までは評価額が六分の一になり、それを超えても三分の一に下がる特例がある。この面積は一戸当たりで考える。例えば六戸のアパートであれば、一千二百㎡までの評価が六分の一に下がる。このアパートには駐車場があって入居者のために使われており、本来なら特例の対象になる。だが、登記上はアパートと駐車場が別の土地のため、市はアパートの駐車場として使われているという認識を持たずに約六倍の額を課税していた。

男性はこのことを、新たに確定申告を依頼した税理士から教えられた。税理士によると、同じようなミスは各地で頻発しているが、土地の評価に精通した税理士が少なく、発覚するのは氷山の一角だという。というのも、自治体はいったん評価額を出しておきながら、税額を減らすためのさまざまな特例を設けているので、「課税標準額」を算出する計算式が複雑になっているからだ。この金額は、所有者が自ら算出して申告するものではなく、市町村の職員が一方的に計算するものなので、きちんと確認しないと間違いが続く。

男性は市に税額の変更を求め、納め過ぎた税金の五年分として約二百五十万円が還付された。男性は憤る。

「アパートの駐車場として使っているかどうかは、ひとこと確認してくれればわかることです。自治体は住民が税金を滞納すると見逃さないのに、自らのミスには気づかない。納得できませんね」

このように、間違いが発覚すれば、過去にさかのぼって還付してくれる自治体があるが、「五年」「十年」といった期限を設けていたり、支払記録が残っている分だけしか返さなかったりする。役所だからといって信頼せず、確認することが必要だ。

計算ミスで自宅を競売されてしまう

住宅用地にかかる固定資産税のミスは全国各地で表面化している。

茨城県つくばみらい市は二〇一五年一月、住宅用地での課税のミスが百二十三件あったと公表した。先述の横浜市のケースと同様、住宅用地の評価を六分の一にするなどの特例の適用漏れだ。

市は十年間さかのぼって取りすぎた税金と利子にあたる還付加算金を合わせて、計約七千三百万円を返した。固定資産税は、税額が国民健康保険料の計算の一部にも使われるため、保険料の取りすぎにもつながった。市は国保に入っていたことがある五十五人に、過去十年分の計四百万円余りを返した。

市税務課によると、住宅と土地の担当者が別で、家が建ったことを確認した住宅の担当者が土地の担当者に伝えることを忘れたり、伝えても土地の担当者が固定資産税に反映することを忘れたりしたという。住宅の担当者が土地への反映にも責任を持つようにすればミスは減るはずだが、「つくばエクスプレス沿線の住宅開発が続いているため住宅の担当者は忙しく、土地まではできない」（税務課）と、いまの体制は変えないという。

埼玉県本庄市は同年三月、一千三百四十二件の課税ミスを公表した。〇六年に合併した旧児玉町の地区で旧町の担当者が住宅用地の特例を誤解していたといい、取りすぎで税金が戻るケースが九百七十件、逆に追徴課税したケースが三百七十二件あった。住宅用地は、一つの区画として使われていても、登記上は二つ以上に分かれていることがある。その際、一部の用地にしか特例を適用しなかったり、逆に、住宅用地ではないのに特例を適用したりする誤りがあった。旧本庄市の地区では見つかっていないミスだという。

埼玉県新座市では一四年六月、二十七年間にわたって住宅用地の特例を適用せずに過大な固定資産税を払わされていた老夫婦の家を、市がほかの税金も含めた滞納を理由に公売で売却してしまう深刻なミスも発覚した。こうした事態を受けて、総務省は一四年九月、全国の市町村に向けて間違いの具体例を示しつつ、固定資産評価の信頼を確保するよう通知を出した。

固定資産税、課税ミス四十年

税金の計算間違いは、住宅用地の特例だけではない。

神奈川県伊勢原市の東部にある東高森団地はよく手入れされた並木が大きく育ち、ゆとりある敷地に二十二棟の集合住宅が立ち並ぶ。この団地で二〇一五年七月、六百戸すべての固定資産税の評価が、一九七二年の分譲時からずっと間違っていたことが発覚した。

この集合住宅のベランダは本来なら固定資産税の対象にならない構造なのに、ベランダ部分の八㎡余を含めた約六十三㎡が課税対象の床面積とみなされ、その分、余計に税金を払わされていたのだ。

一五年五月、たまたま投資で部屋を買った人からの指摘で間違いがわかった。その人が持っているほかの物件と比較して固定資産税が高いために気づいたのだという。投資で買う人はコスト意識が高いのでわかったが、自分で住むために買っている人ではなかなか気づかないことだ。

約二十年住んでいる女性（72）は首をかしげる。

「気づく人がいなかったら間違いが続いていたので、みつけてくれた人には頭が下がります。それにしても、市役所はなぜ、四十年以上も気づかなかったのでしょう」

伊勢原市資産税課によると、計算ミスの原因はこうだ。集合住宅の場合、実際に住んでいる部屋だけでなく、廊下などの共用部分にかかる固定資産税を持ち分に応じて納めてもらうため、床面積は複雑な計算ではじき出す。しかし、いったん計算した床面積を改めて検証する作業をしてこなかったという。今回の事態を受け、市はほかの集合住宅の床面積を検証したが、間違いはみつからなかったという。

市は取りすぎた税金を住民に返す作業をしている。ただ、課税台帳が残っていて確認することができる八六年の分までしか返さない。それでも利子にあたる「還付加算金」を含めて一戸あたり約二十五万円が返される。途中で持ち主が入れ替わった部屋も多く、市が特定した対象者は一千二百二十一人にのぼった。一六年十月現在で一千百六十一人に計一億四千万円余りを返したが、六十人は行方不明のまま約三百万円の返還ができていない。中にはすでに亡くなった人もいて、相続人がわかった人もいるが、相続人がわからないために返せていない人もいるという。

このように計算ミスが多いので、固定資産税に疑問を持つ人は増えている。

川崎市の賃貸業者は一五年四月、中原区にある賃貸マンションの固定資産評価に疑問を持った。敷地の一部が道路計画にかかり、建て直しなどが制限される。こうした土地は固定資産税の減額が受けられるはずなのに税額が高いと感じていたからだ。市の税務署で確かめると、道路計画の把握が不十分で、道路整備を担当する市役所の土木部で図面を確認して「減額漏れ」のミスを認めさせた。これで、税金が一〇％程度減額された。年間約三万円が減額され、買った〇〇年まで十五年間さかのぼって約四十万円が戻ってきた。

賃貸業者でも、間違いを確認してこなかった。納税者に通知される固定資産税額には、計算の根拠や過程までは示されておらず、素人が間違いを見つけるのは至難の業だ。この賃貸業者はこう話す。

「固定資産税には間違いが多いと聞いて、自分の物件についても調べてみたらみつかりました。固定資産税は高く、制度がおかしいとは思っていますが、まさか自分の物件に間違いがあるとは思っていませんでした。いまの固定資産税の通知にはどのような計算をして税額が出たのかが書かれていないので、計算過程も示すべきです」

間違い探しが「ビジネス」に

固定資産税のミスが多発しているため、固定資産税のミスを見つける「ビジネス」まで広がり始めた。

ＫＰＭＧ税理士法人（東京都港区）は建築事務所と共同で、ビルへの課税の検証をするサービスを展開している。通常よりも課税額が多いビルや、間違いが多い自治体にあるビルを重点的に調べるという。固定資産税の計算は複雑だ。建物にかかる税は、同じ建物を建てるのにいくらかかるかの「再建築価格」を計算するため、建築技術の進歩にともなって、建築材の材質や工法などで細かく変わる。間違いを指摘すると税金が下がったり戻ったりするため、ビルのオーナーにとっては調査の手数料を払う以上のメリットを得られることが多い。同法人の竹宮裕二パートナーは「頻繁に人事異動がある自治体の職員ではわからないことも多いため、間違いが発生しやすい」と話している。

だが、あちこちで課税ミスが起き、ミスを見つけるビジネスが広がる姿は健全とはいえない。市町村にとって「基幹税」である固定資産税制度への信用を守るためにも、複雑すぎる制度の見直しを急ぐべきだ。

取り過ぎた分を返金しない自治体

ここまで、固定資産税の計算ミスが相次いでいる実態と、一部の自治体では過去にさかのぼって取りすぎた税金を返している事例も紹介してきた。取材をしていると、計算ミスがわかった時に謝罪して、取りすぎた税金を返すという当然のことができる自治体は、まだマシなほうであることがわかってきた。

新潟市の主婦、楠原富美子さん（57）は二〇一二年、自宅の庭に対する課税の誤りに気づき、一三年度から納税額が年三万円余り下がった。ところが、新潟市は過去に納め過ぎた税金を返さないままだ。

楠原家は九五年、自宅に隣接する約二百五十㎡の土地を買った。九七年、その一部を駐車場として整備し、倉庫を置いたり畑や花壇を造ったりして庭として使ってきた。自宅の庭は「宅地の一部」として、固定資産税額が大きく下がる「住宅用地の特例」が適用されるのに、適用漏れがあったため、一二年度まで十七年間にわたり、誤った割高な税金を払わされていた。

朝日新聞の記事を読んで、自治体によっては過去に払い過ぎた税金を戻すケースがあると知った楠原さんは市のホームページから市長宛てに質問をした。

すると、市の税務を取り仕切る田村敏郎税務監の名前で、返せないことを告げる手紙がきた。払い過ぎた税を戻すのは「外見から容易に判断できる土地に住宅用地の適用漏れがあった場合」とし、「外見上、確認できず、届け出や申告もない場合の全ての土地や家屋の利用状況を把握することは困難」だとして、市側に重大な過失がなかったというのがその理由だ。

しかし、地方税法は自治体に少なくとも年一回の実地調査を義務づけている。固定資産税に詳しい神野吉弘税理士は「固定資産税は自治体が一方的に課税する税金だ。本人の申告がなくても、自治体は気づかなかったではすまない」と指摘する。楠原さんは「ちょっと聞けば、私たちの庭であることはわかったはず」と話している。

土地の用途や形、条件によって固定資産税額は変わってくる。評価を決めるのは自治体だが、疑問を抱く所有者も少なくない。

土地評価変更、開示せぬ内規

東京都府中市の商業環境デザイナー宮尾舜三さん（71）は〇九年、父から相続した新潟県妙高市の土地を確認したところ、敷地の周りの土地に敷地並みの固定資産税がかかっていた。

周囲の土地は家の敷地より一段低く、ぬかるんでいる。敷地と同じ課税はおかしいと、市役所に確かめると、周囲の土地は「宅地」から「雑種地」に変更された。税金も年間約一万円下がって二千円程度になったが、過去の分は戻らなかった。雑種地とは主な地目に分類されない土地のこと。自治体が課税の基準を決めている。

朝日新聞を読んだ宮尾さんが市役所に問い合わせると、市民税務課から手紙が届いた。「（一〇年度に）宅地から雑種地への地目変更ができるよう『雑種地比準表』を定めたことから、評価地目の見直しが可能となりました」などと書かれている。

その意味について、記者が同課に取材すると、市側は、宮尾さんの指摘をきっかけに

「土地評価事務取扱マニュアル」を見直した、と説明した。宮尾さんが指摘した年までは宅地で評価をして、翌年から新しく作った基準を適用したので「間違い」ではなく、さかのぼって税金を戻すことはできないという。

宮尾さんは「新たな基準を文書で示してほしいと求めたが回答がない。税額を決めるルールも示さずに課税する姿勢は信用できない」と不信感をあらわにする。記者も新たな基準について市に尋ねたが、同課は「市役所の内規なので開示はできない。今後、検討したい」と答えるのみだった。

シャッター商店街を苦しめる固定資産税

固定資産税の問題は、計算ミスだけではない。地価下落が続く地方都市では、時価が大きく下がっているのに固定資産税に反映されていない現象があちこちで起きている。

徳川家康が生まれた愛知県岡崎市の岡崎城。その近くの康生地区は、休日ともなると、近隣の市町からも買い物客が集まる愛知県でも有数の商業地だった。商店街のほか、老舗百貨店の松坂屋、地元電鉄系の「名鉄サンリバー」など四つの大型小売店もあった。だが、長引く不況でタワーマンションなどに変わり、当時のビルが残っているのは「シビコ」というショッピングセンターだけになった。

シビコを知らなくても、岡崎市の非公式キャラクター「オカザえもん」なら知っている人がいるかもしれない。「岡」の字をモチーフにした顔で、胸に「崎」の字をあしらったゆるキャラで、シビコに「住民票」を置いている。シビコを訪ねると、オカザえもんの等身大パネルが出迎えてくれるが、六階建ての本館は三階までしかテナントが入っていない。五階建ての別館も一階しか使われていない。

そんな典型的な斜陽の商業施設が、二〇一六年十月、全国の自治体の財政を揺るがしかねない議論の舞台として注目を集めることになった。シビコのオーナー会社が、建物の固定資産税が高すぎて三億五千万円の損害を被ったとして名古屋地裁に訴訟を起こしたのだ。

建物には、その評価額に一・四％を標準とする税率の固定資産税と〇・三％の都市計画税がかかる。自治体にしてみれば、建物が密集していて、比較的高いビルもある中心部の商店街の固定資産税は「虎の子」のような財源だ。ところが、にぎわいをなくした商店街にとって、身動きがとれないのにかかる重い負担になっている。苦しい事情を理解したとしても、特定のビルの固定資産税だけを下げる理由は考えにくい。問題は商店街全体に広がって、自治体の財政を直撃する問題になるかもしれないだけに、シャッター商店街を抱える地方都市にとって目の離せない裁判なのだ。

シビコは一九七七年にオープンしたが、自動車の普及とともに客足は遠のく。〇〇年には二キロほど離れた紡績工場跡地に、大規模な駐車場を備えて、西武百貨店も進出したイオンモールができて客を奪われた。こうして、九七年に約三億七千万円あった賃料と駐車場の収入は、一五年には三分の一近い約一億三千万円に落ち込んだ。ところが、九七年度に約五千二百万円だった建物の固定資産税と都市計画税の合計額は一五年度に約三千四百万円までしか下がらず、赤字経営の主因になっているという。

岡崎市も、商店街が衰退していることはわかっている。同市がにぎわいを取り戻そうと一一年に策定した「中心市街地活性化ビジョン」によると、康生地区を含む中心市街地には九七年に小売店が八百八店あって年間小売り販売額は四百七十九億円だったが、十年後の〇七年には四百十店の二百三十八億円と半減した。いまはさらに落ち込んでいるという。

このため、オーナー側は建物の固定資産税の評価は少なくとも〇〇年度以降は下げるべきだったと主張している。〇〇年度以降に支払った固定資産税は約七億円だが、その半分にあたる約三億五千万円分は損害にあたるので賠償するよう求めている。

オーナー側が建物の固定資産税にこだわるのは、土地と違って建物の評価額に時価が反映しづらい仕組みになっているためだ。実際、バブルのころのシビコ前の公示地価は一㎡当たり約百四十万円もしたが、一六年の公示地価は同十六万六千円と、十分の一近くまで落ちた。土地の固定資産評価は公示地価の七割をめどに決まるので、公示地価が下がれば税額も下がることになる。

評価基準が時代遅れ

総務省は一四年、ゴルフ場のクラブハウスなどの建物と、大型商業施設について、地域の経済情勢を反映して固定資産評価を下げる際の条件などについて通知を出した。しかし、この二つは「特例」ではない。同省の固定資産評価基準には、建物の種類によらず、建物をめぐる需給状況が悪ければ減額することを認める規定がある。要するに買い手がつかなくて時価が下がった建物は固定資産評価を下げることになるので、テナントがガラ空きのシビコにはその資格があるのではないか。

シビコの代理人を務める物部康雄弁護士は、この通知を出すきっかけとなった島根県邑南町のゴルフ場のクラブハウスなどの施設の固定資産税を減額する判決を勝ち取った。クラブハウスなどの固定資産評価額は約八億一千万円だったが、松江地裁は評価額を約四億七千万円に下げる判決を出し、最高裁も一二年に支持した。評価額が下がると固定資産税も下がる。このケースでは四割以上下がることになった。

物部弁護士はこう言う。

「総務省の評価基準は右肩上がりの経済が前提で、日本経済が下り坂になることを想定していません。そのため、減額の規定はあっても、実際に適用する際のルールが示されていません。自治体もどうしてよいかわからずに困っているはずです。人口減ですから、これから地方の不動産の価値は下がるところが多くなります。自治体もいまのまま維持はできないので、自治体のあり方を見直す中で固定資産税も抜本的に見直すべきです」

消費不況を反映してイオンやセブン&アイ・ホールディングスなどの大手スーパーや百貨店などは日本各地で店舗を閉鎖している。閉鎖されたショッピングセンターは駅前などにあって町の衰退を象徴する存在になることがある。そのため、地元自治体が買い取るなどして市役所などの公共施設として使う例は枚挙にいとまがない。

岡崎市は今回の事態に「シビコだけ固定資産税を下げるわけにはいかない」（資産税課）と反発している。

だが、この問題は個別のビルや商業施設だけのものではない。

閉店から十年以上たっても固定資産税

北海道の道央にある芦別市はかつて石炭産業で栄え、人口が七万五千人を超えていたが、いまは五分の一の一万五千人を切った。

同市のＪＲ芦別駅を出た正面にあるパチンコ店「ギンザ」は十年以上前に閉店した。約五百㎡の土地に建つ鉄筋コンクリート三階建て延べ床面積約一千㎡のパチンコホールは閉まったままだ。

店を所有しながら道央の岩見沢市で別のパチンコ店を経営する南川富美雄さんによれば、芦別市による土地の固定資産評価は約百五十万円だが、七七年に建てられて八四年に増築された建物はいまだに約四千二百万円の評価を受けている。固定資産税と都市計画税の合計で年間約七十六万円を払っている。「そんなに高く評価するなら」と、芦別市に物納をさせてほしいと申し入れたが、応じてもらえなかった。南川さんはこう話す。

「十五年以上前から買い手を探しています。建物は一度、雨漏りがして評価が下がりましたが、市と何度交渉しても、それ以上は下がりません。建物を壊したら土地を百万円で買うという人がいましたが、壊すのに一千万円はかかるのであきらめました」

周辺の商店街を歩くと、空き店舗が目立つだけでなく、時折、歯が抜けたように建物がない空き地もある。地元の商店で聞くと、店を閉める時に建物も壊すことも珍しくないという。中には、建物を持つだけでかかる固定資産税の負担を避けるために壊されたものもあるのかもしれない。

市職員の給料を一時、一割カットするなど芦別市の財政事情は苦しい。このため市側にすれば、市税収入の五六%を占める固定資産税収をなんとか維持したい。市は一三年度までの五年間、固定資産税率を標準の一・四%より高い一・五五〜一・六%に上げ、いまも一・四五%をかけている。それだけに、芦別市は一歩も譲らない姿勢だ。

「あんなに立派な建物なのに固定資産税を下げることはできません。建物を使う、使わないは所有者の勝手です。使っていなくても建物の価値に応じた負担はしてもらいます」(税務課)

市町村の地方税に占める固定資産税と都市計画税の割合は一四年度で四七%を占め、地方ほど依存度が高い。芦別市は人口が減り、法人税を含めた住民税が占める割合は三四%しかなく、住んでいない所有者からも取れる固定資産税への依存度が高い。

公示地価の闇

自治体の固定資産税依存は、地価の評価そのものを歪めている。

〇八年、北関東のある自治体が公共事業の用地を不当に高く買収したとして、首長に一億二千万円余りを自治体に賠償するよう命じる地裁の判決があった。二億五千万円で買収した用地は七千五百九十万円が妥当だったとされた。

ところが翌年、議会が首長に対する請求権を放棄してしまう。その根拠は、二億五千万円という価格が「固定資産評価額から見て妥当」というものだった。固定資産評価額は、国の公示地価の七割を目安とする。公示地価は「時価」の九割程度とされる。この公共事業用地の固定資産評価額は約一億七千万円だった。そこから逆算すると、この土地の時価は二億七千万円程度になるので、二億五千万円の買収額は妥当となる。

要するに、固定資産評価の前提となっている時価は、裁判で妥当とされた実勢価格の三倍以上もの値段だったのだ。

固定資産評価や公示地価は、そんなに実勢価格から乖離しているものなのか？

その謎を解くカギは、公示地価がどのように決められているのかのプロセスにある。

公示地価は国土交通省の土地鑑定委員会が毎年一月一日時点で全国約二万六千地点の評

価をして三月に公表する。その評価には全国で約二千五百人の不動産鑑定士が参加する。じつは多くの鑑定士が、公示地価と自治体の関係をこう明かしているのだ。

「地方の不動産鑑定士は公共の仕事がほとんどです。自治体にとって固定資産税は貴重な財源なので、税収を確保するために公示地価を高く維持したい。公共の仕事がしたい鑑定士は自治体のそんな意向を察知して、高い評価を維持してしまうのです」

土地鑑定委員会は、全国の約百七十の分科会に分かれて行われるが、分科会ごとにまとめ役の「幹事」が置かれる。選ばれるのは「地域の事情に精通している」とされる鑑定士だが、要するに役所の固定資産評価や用地購入の鑑定評価などの仕事をいつもやっていて、自治体の担当者とツーカーで話せる鑑定士がなるという。

神奈川県のある鑑定士は、一一年の公示地価の仕事をした時のことが忘れられない。

「最初の会議の時、幹事がこれから鑑定をする地点の前年の価格を読み上げます。そして、それぞれの地点について、『ここはマイナス〇・三%』『こっちはマイナス一%』というように、あらかじめ数値を細かく示したのです。その後は、示された増減率に合わせた鑑定書を作る作業になりました。忙しい時には週に一度ぐらい集まりましたが、最初に示された数字と違う評価をすると『幹事意見価格』が示されます。私も従ってしまいましたが、評価をする前から結論が出ているような仕事は二度とやりたくありません」

高い公示地価がつけば、自治体にはそれだけ多額の固定資産税が入る。

千葉県の鑑定士はこう証言する。

「私は価格の指示を受けたことはありませんが、鑑定委員会は評価額のすりあわせをする会議の連続です。その場で、地価はもっと下がっているのだから公示地価に反映するべきだと主張したら、役所から仕事が来なくなりました。私は民間の仕事があるので困りませんでしたが、そうでないと怖くて本当のことは言えません」

地域によってやり方は違うようだが、自治体側の意向を受けた幹事が中心になって全体のバランスをとっていく進め方は変わらない。一月一日現在の地価を出す鑑定委員会だが、前年の八月末ごろから作業が始まり、秋にはいったん都道府県単位の評価額を出す。幹事はそれをもとに全国的な価格の調整をする会議に参加し、都道府県に持ち帰って最終的な調整をする。

東京のある鑑定士が、なぜこうした仕組みの中で基準地価が高止まりするのかを解説する。

「評価は一地点を二人一組で、それぞれが別の鑑定士と組んで隣の地点の評価をします。

隣との整合性をとるためで、一人では自分の意見を主張しづらくなり、幹事の意向が通りやすくなります。幹事は、役所の担当者の顔がちらつくので、大きく地価が下がっても、一時的なことだと考えて全ては反映させない傾向があります。すると、その後は地価が戻らなくても下げることが難しくなります。そういうことが繰り返されてきたので、下がる一方の地方では現実との開きが大きくなっているのです」

幹事でなくとも、公示地価の仕事をこなすことは、市町村の仕事を請け負うための暗黙の前提になっているという。不動産の評価の仕事は国税庁が七月に公表する相続税路線価、九月に公表される都道府県の地価調査など公的なものが多く、互いに関係が深い。公示地価の評価をしていない鑑定士が入ると、つじつまが合わなくなるためと見られている。

公的な地価評価の中ではつじつまが合っていても、現実とずれていると、こんなことが起きると話す鑑定士もいる。

「高くなりがちな鑑定士の評価は、民間企業ではいやがられます。会社の資産を処分するために第三者の評価をとるのですが、高くて買い手がつかないことがあります。かといって、鑑定価格より安く売ると責任問題になるのでやっかいなのです」

人口減と高齢化にともなって、使いたくても使いようがない不動産はいま以上に増える。過疎化した自治体を維持するために固定資産税への依存を増やすことは、ただでさえ魅力がなくなった不動産の価値をさらに落として、地方の衰退に拍車をかけている。極端な話、住んでいない人にも負担を求める固定資産税があれば、住民がいない自治体もありえる。そんな本末転倒が起きないように、固定資産税への依存は半分まで――などのルールを決めて、身の丈にあった自治体運営を求める必要がある。

第四章　税の権力　誰が税を決めるのか?

あなたが払う税金は、法律（制度）によって決まっている。

ところが、税に関する制度は複雑で、成立過程に不透明な部分も多い。国民から見えにくいところで政治的に決まっていたり、声の大きな勢力が有利な扱いを受けていたりすることがある。

たとえば減税制度は、本来なら払わなければいけない税金をまけてもらうものなので、実質的には補助金と変わらない。しかし、誰がどれだけトクしているのかは、補助金と比べるとわかりにくい。また、どのような人や業種を減税対象とするのかは、時の政権の意向に左右されやすい。安倍政権では大企業の特例の減税が急増している。

あるいは、自動車にかかる税金は項目が多くて複雑であるが、これはさまざまな利害関係者が政治家や官僚に強力な働きかけをおこなっているためである。実際に税金を払う利用者の声は届かず、払う理由もよくわからない人が多い。

税金を払う側と、税金によってトクをする側の溝は深い。なぜ、こんなことが起きるのか？　税制が決まる過程の裏側に迫った。

企業減税で恩恵を受けるのは超大企業

研究開発や設備投資などにお金を使った会社は、その一定割合を法人税などから特例で減額される制度がある。景気対策や企業の国際競争力を高めるといった政策判断のもとに、期限つきで認めている「租税特別措置（租特）」だ。安倍政権は消費税を増税し、所得税も上げる一方、企業にはこうした特例を多用し、減税をおこなってきた。

財務省の資料をもとに取材班が集計したところ、二〇一四年度に企業がまけてもらった税金は少なくとも約一兆一千九百五十四億円にのぼった。民主党政権だった一二年度の五千二百四十四億円に比べて二・三倍に増え、財務省が公表を始めて以来、初の一兆円台になった。

しかし、どんな企業がどういう減税項目でいくらまけてもらったかの実名は公表されていない。減税は国に入る税金が減ることになるので、実態は税金から特定の企業にお金を出す補助金と変わりがない。だが金額や支出先が明らかにされる補助金とは違い、減税ではそうした情報公開はなされていない。

財務省の調査報告書は七百五十五ページに及ぶが、個別企業の名前はない。減税項目ごとに利用している上位十社がアルファベットと六桁の数字によるコードで示されているだけだ。しかもコードは毎年変わるので、特定が難しく、実態をわかりにくくしている。

われわれ取材班は税率を低くする「税率特例」と、税金の一部を免除する「税額控除」に該当する項目に絞り、企業側の公表資料などと照合して分析した。すると、大企業が受ける減税の実態の一部が見えてきた。

一四年度、トヨタ自動車についたコードは「O《オー》01216 3」だった。適用された減税の内容から業種を絞り込み、トヨタが公表する研究開発費用や税引き前の利益、納税額などと照らし合わせて、同社と特定した。トヨタは、報告書に公表されている減税項目の九つで上位十社に入っている。

一四年度の特例減税約一・二兆円の半分以上にあたる六千七百四十六億円は、企業の研究開発投資に応じて税金を安くする「研究開発減税」が占めている。トヨタはこの項目だけでも一千八十三億円と、ダントツの減税を受けていた。同減税の二、三位は同じ自動車大手の日産自動車とホンダで、四位はリニア新幹線で開発費が増えているJR東海、五位は連結ベースで年三千億円ほどの研究費を計上するキヤノンだった。上位五社で二千億円近い減税を受けていた。

トヨタは研究開発減税の詳細を明らかにしないが、広報担当は取材に対し、「基幹産業の代表として、研究開発に責任感を持って取り組んでいる。研究開発税制は、日本の競争力を後押しする有効な手段だ」と話した。この減税を推し進める経済産業省の担当者も「各国が企業の研究開発を税制で支えている。日本だけ支援が見劣りすれば、研究開発拠点まで国外に流出する恐れがある」と、減税の必要性を語った。

しかし、これらの減税の恩恵にあずかれる企業は、ほんの一部にすぎない。研究開発や設備投資の減税は特例なので、条件があるからだ。たとえば試験研究であれば、専従する社員の人件費や試験研究のための原材料費などでないと認められない。そのため、研究所があるような大企業でないと使うことが難しい。結局、研究開発減税の恩恵の約八割は全企業の〇・一％にも満たない資本金百億円超の超大企業に集中している。

安倍首相返り咲き、一気に再拡充

研究開発減税で企業がまけてもらった税金は、一二年度は三千九百五十二億円だった。それが今や、ほぼ倍増している。研究開発減税は民主党政権時にいったん縮小していたが、安倍晋三氏が首相に返り咲いた一二年十二月二十六日から一カ月足らずで「再拡充」が決まった。経団連（日本経済団体連合会）幹部は「政権交代の時点で流れは決まっていた」と振り返る。

研究開発減税は、企業が試験研究に投じた費用の八〜一〇%を法人税額から差し引く「総額型」が中心だが、民主党政権は差し引ける限度額を「法人税額の三〇%」から「二〇%」に引き下げ、減税幅を縮小していた。経団連は政権交代前の一二年秋、この限度額を三〇%に戻すよう要望。自民党も年末の衆院選向け政策集に減税拡充を盛った。この流れを受けた安倍政権は一三年一月十一日、「研究開発税制の拡充」を明記した緊急経済対策を閣議決定した。

ただ、これだけで減税は決まらない。自民党政権では、野田毅・元自治相や額賀福志郎元財務相など税に精通した大物議員の発言力が強い自民党税制調査会（党税調）が毎年の税制改正を仕切る「慣習」があるからだ。特に影響力の強い少数の党税調メンバーは「インナー」と呼ばれる。民主党政権では閣僚中心の「政府税制調査会（政府税調）」が税制を決めていたが、政権交代で党税調の権限も復活した。

党税調は緊急経済対策を踏まえて急ピッチで調整を進め、減税の要件を具体化。一月二十四日にまとめた「与党税制改正大綱」で正式に研究開発減税の拡充を決めた。党税調側も「民主党のようなチマチマしたことをやってはいけない」（インナーの一人）と乗り気だったため、首相官邸と党税調の連係プレーで、年五百億円規模の減税拡充が一気に実現した。

一方、政府税調の権限は政権交代によって後退し、学者らが中長期的な税のあり方を議論し政府に提言するだけの旧来の姿に戻った。一四年、党税調の決定に対し、政府税調の分科会は研究開発減税の「総額型」について「大胆な縮減」を求めた。分科会の座長を務めた大田弘子・政策研究大学院大学教授は「研究開発をしろとか設備投資をしろと、政府が企業を誘導する時代ではない」との考えだった。

ところが党税調は一五年度税制改正で、研究開発減税の「限度額三〇％」の恒久化を決める。政権交代して、党税調が政府税調の提言を軽視する〝伝統〟も復活したのだ。

もっとも、民主党政権が企業に厳しかったわけではない。特例の減税である租税特別措置（租特）をとりまとめた財務省の調査報告書は民主党の発案でできたが、当時、政府税調で租特の透明化に関するプロジェクトチームの責任者を務めた元民主党参院議員の峰崎直樹氏は、こう証言した。

「最初は、恩恵を受けた上位十社の企業名を租特ごとに公表する案を作りました。情報公開が最大の武器と考えたためです。政府税調は副大臣ら政治家で構成し、議論を公開しました。そうすれば露骨な業界擁護はしないと思いましたが、みんな経済界寄りの発言で企業名公表に反対しました。財務省も、高額納税者の公表をやめた時に企業名もやめたので、租特だけ企業名を出すことはできない、と反対しました」

税収増は家計の負担で

大企業に集中しているのは研究開発減税だけではない。企業コードをもとに、二〇一四年度にトヨタが受けているほかの減税項目を拾い出すと、社員の給料を増やした企業を対象にした「賃上げ促進減税」の減税額トップもトヨタで百十一億円だった。最新設備などを導入した会社を優遇する「生産性向上設備投資減税」でも、四億円減税されていた。

賃上げや設備投資を後押しする特例減税は、企業の好業績を経済全体の好循環につなげることをねらいに、安倍政権で新たにつくられた。だが、生産性向上設備投資減税（税額控除分）の七六％、賃上げ促進減税の四三％が資本金百億円超の大企業に集中していた。

こうして、特例減税全体でも資本金百億円超の企業への減税額が七千三百六十五億円と一二年度の二・五倍に増え、全体の六二％を占めた。この割合は一二年度の五六％より高くなった。

「アベノミクス」は、海外投資家にいかにアピールするかを意識している。それは、年金積立金管理運用独立行政法人（GPIF）の運用を変えて、国内外の株式での運用を半分に増やす半年以上前の一四年一月に、スイスのダボスで開かれた「世界経済フォーラム年次会合」で、安倍首相が世界に向けて次のように宣言したことにも表れている。

「一兆二千億ドル（約百三十兆円）の運用資産を持つGPIFについては、そのポートフォリオの見直しを始めフォワードルッキングな改革を行います。成長への投資に貢献することになるでしょう」

日本国債中心だった年金積立金の運用は一四年十月に大幅に見直されて、日本の株価は大幅に値上がりした。ことほど左様に、安倍政権は株価を意識した経済政策をとってきた。

日本の株式市場は海外投資家の動向に左右されやすい。法人実効税率を二〇％台に引き下げることと特例減税も、配当に回す資金を増やすことにつながるので、海外投資家の「日本買い（株価上昇）」を促す政策といえる。また、賃上げをした企業に減税をすることは、政権が賃上げに取り組む姿勢をアピールするねらいもある。

日本企業の一四年度の経常利益の総額は六十四・六兆円と一二年度から約十六兆円も増え、過去最高水準になった。日本銀行の黒田東彦総裁がデフレからの脱却を目指すとして打ち出した「異次元緩和」がもたらした円安が輸出企業の利益を押し上げたことと併せ、アベノミクス最大の効果といえる。ただ、特例減税で後押しした研究開発投資額や設備投資額は一・一倍の増加にとどまっており、減税を二倍に拡大してまで支援した効果があったのかは、疑問が残る。

この間に増えた法人税収は一・二兆円だった。約十六兆円も経常利益が増えたのに比べて法人税収が大きく増えないのは、法人実効税率がこの間に三七・〇〇％から三四・六二％に下がり、特例減税も二倍以上に拡大されたためだ。法人実効税率は一六年度には二九・九七％に下がり、一八年度にはさらに二九・七四％まで下げることが決まっている（図7参照）。税の専門家らは、実効税率を下げるなら特例減税は縮小するべきだと指摘してきたが、特例減税はかえって倍増し、大企業を中心に二重の恩恵をもたらしている。ただし、国の税収は約十兆円増えている。貢献が大きいのは税率を八％に上げた消費税収の増加で五・六兆円だった。

こうして、国の財政を支える役割はどんどん家計、すなわち国民のサイフに移されているのが実態だ。ところが、増税や、将来生活に対する不安で家計消費は低迷が続いている。物価を加味した「実質賃金」も一五年まで四年連続で下がった。アベノミクスで主に大企業を支援した「果実」が届いている家計は輸出企業の社員など一部にとどまっている。

図7　法人実効税率の変化

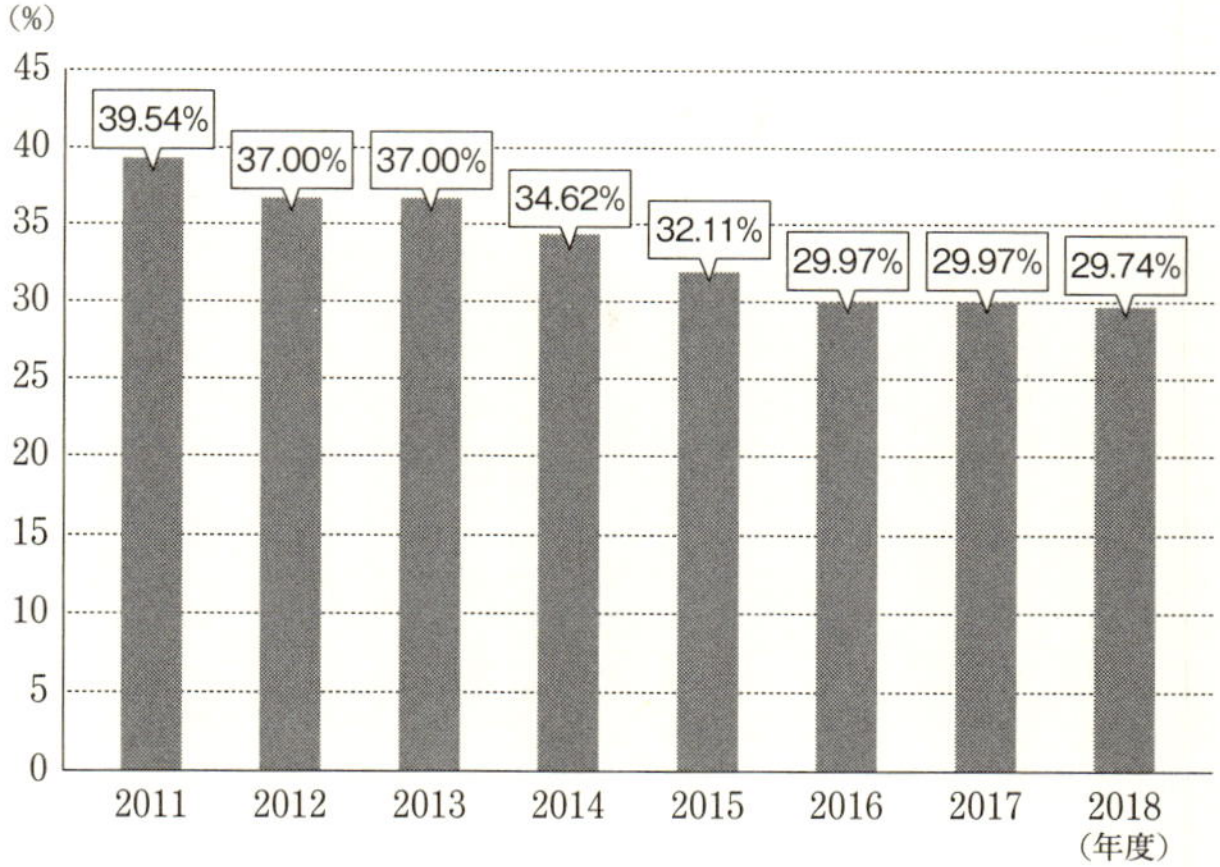

一方で、企業から自民党への政治献金は増えている。自民党の政治資金団体「国民政治協会」への三百万円以上の大口献金を朝日新聞が集計したところ、自民党の政権復帰で急増し、一四年には民主党政権時代のほぼ倍の約十四億円に増えた。最も多いのは自動車業界（部品、重機などを含む）の計約二億七千万円で、全体の約二割を占める。トヨタは六千四百四十万円、日産は三千五百万円だった。二位の電機業界は約一億九千万円。アベノミクスの「第二の矢」で公共事業が増えた建設業界は一二年の約三・四倍に増え、電機業界とほぼ同額になった。

こうした献金の動きについて、自民党

は「寄付は国民政治協会で一括して取り扱っているため、わが党は個別詳細について知りうる立場にない」などと文書で回答。自動車各社は「政策本位の政治の実現と議会制民主主義の健全な発展が、日本や世界の経済を回復・発展させるとの考えから拠出している」（トヨタ）などと回答した。

政治献金と税制の関係について、森岡孝二・関西大学名誉教授（企業社会論）は次のように指摘している。

「法人税率の引き下げや特例減税の拡大に代表される『アベノミクス税制』は、日本経済全体ではなく、一部のグローバル企業にとって都合がいい政策ばかりだ。減税の恩恵を受けた企業から自民党が多額の献金を受けているのは『利益の還流』と言え、経済界と政治との蜜月ぶりを象徴している。多額の企業献金が税制改正の議論をゆがめてしまう可能性がある」

官邸に移る「税の権力」

自民党への政権交代で党税調が再び掌握したかにみえた「税の権力」だが、政権の長期化にともなって、急速に首相官邸の手に移りつつある。官邸主導で決まったもののひとつが、アベノミクス税制の旗印「法人実効税率引き下げ」である。

安倍政権は一六年度から、国・地方税あわせた法人実効税率を二九・九七％と、三二・一一％から一気に二〇％台に下げた。この減税の穴埋めとして、企業規模などに応じて赤字企業でも支払った給与総額などに応じて納めなければならない「外形標準課税」の役割を大きくした。外形課税は〇四年度、資本金一億円超の企業を対象に、法人事業税の八分の二の割合で導入された。これを、実効税率の引き下げに合わせて一五年度に八分の三に引き上げ、一六年度はさらに八分の五へと急ピッチで引き上げた。中小企業は課税対象外のままだ。

この結果、もうけが大きい大企業は減税となるが、もうけが少なかったり、赤字だったりする中堅以下の企業は増税になった。

プロジェクターに使う反射鏡やレンズで世界トップシェアを持つ千葉県柏市の「岡本硝子」（資本金二十億円、従業員三百四十人）の岡本毅社長は、安倍政権が一五年末に決めた税制改正の影響で「おそらく数百万円の増税になる」と心配する。増税は、法人実効税率引き下げの余波だ。岡本硝子は新規事業が思うように伸びないことなどから赤字と黒字を行ったり来たりする経営状態が続いており、もうけが少なくても負担しなければならない外形標準課税によって増税になりそうだ。

実は、経団連と財務省は一五年秋まで、実効税率の引き下げを「三〇・八八％まで」にとどめる方向で話を進めていた。外形課税は結果的に資本金一億円超の赤字企業を狙い撃ちにするもので「全ての企業に広げなければ不公平」（素材大手の財務担当者）との声が上がる。税の負担能力に関係なく課税する外形課税は国際競争力の低下を招くとして欧米では廃止が進んでいる。森信茂樹・中央大学大学院教授（租税法）は「日本の税制がガラパゴス化する」と指摘する。経済界側も、外形課税を急に増税することは好ましくないと考えていた。

ところが、この流れを首相官邸がひっくり返した。菅義偉官房長官が一五年十一月二十四日の政府の経済財政諮問会議で「実効税率は一六年度から二〇％台に引き下げるように様々な方策を検討すべきだ」と発言したのだ。これをきっかけに「二〇％台」と「外形課税八分の五」に向けた流れができた。

この軌道修正で党税調は蚊帳の外だった。党税調会長を約六年務めた野田毅氏は一五年十月、消費税の軽減税率の導入をめぐって公明党と対立し、菅氏らの意向で事実上更迭され、会長は宮沢洋一氏に代わっていた。官邸の独走ぶりに、財務省内からは「まるで恐怖政治だ」との声が漏れる。

党税調を中心に業界や官庁が細かい利害調整を重ね、税制改正の「解」を出す。こうした決め方は時に「密室政治」と批判されたが、一定の財政規律を保ったり、無理筋の税制に待ったをかけたりする力はあった。アベノミクス印の税制改正をみる限り、政権に対するブレーキ役は見当たらなくなった。

大蔵省（現・財務省）出身で、自民党税調会長を事実上更迭された野田氏は、こう語った。

「党税調の力は弱まったように見えるかもしれませんが、丁寧に議論を進めるやり方だけは守らなければならない。日々、税と向き合うことになる消費者や事業者に対し、『決めたから従え』という手法ではうまくいくわけがない。心配なのは、税制について『アンチ財務省』ありきの発想が目立つことです。官邸や、官邸にそうした発想を吹き込んでいる人たちの意見が大きくなっています」

こうした税制を決める仕組みはどうなっているのか。年末の自民党税制調査会（党税調）を経て翌年の国会で税制改正が行われる過程は節目ごとに報道されるが、実際にどのような議論が行われているかを知る人は少ない。その議論に影響を持つことができるのは税制改正のルールをわかっている一部の利害関係者に限られている。

秘書からの電話、未明の文案修正

時計は午前〇時を回っていた。税制改正をめぐる政府・与党内の議論が大詰めを迎えていた二〇一五年十二月九日。この日の懸案は、自動車にかかわる税制だった。青木信之・総務省自治税務局長の電話の声には焦りがにじんでいた。

「先生の考えを踏まえてもう少し考えて、文案も含めて打ち返したい」

「先生」とは、党税調の額賀福志郎・小委員長をさす。自動車に関する今後の課税の方針を「与党税制改正大綱」にどう書き込むかで調整がつかず、青木氏と額賀氏の秘書の間で押し問答が数分続いた。

額賀氏は、税制の決定権限を持つ党税調の中枢メンバーでありながら、自動車業界を応援する国会議員でつくる「自民党自動車議員連盟（議連）」の会長でもある。自動車に関わる税制改正では与党内で最大の影響力を持つ。

その額賀氏は、自動車にかかる税金について将来の減税方針を大綱に書き込むよう求めていた。しかし、自動車関連の税は地方自治体の税収になるものが多いため、自治体の代弁者である総務省は減税方針に強く抵抗していた。

青木氏は額賀氏本人と直接やりとりしてきたが、最後は秘書から青木氏に電話がかかってきた。額賀氏の「怒り」のサインだ。調整打ち切りをちらつかされ、総務省はついに折れる。「自動車の保有に係る税負担に関し総合的な検討を行い」という文案の途中の「保有に係る税負担」の後に「の軽減」を挿入する修正を入れて減税の方向で折れたのだ。額賀氏が了承したのは午前二時。自動車税制を最終決着させる党税調の幹部会合が七時間後に迫っていた。

わかりやすさ横に置いての綱引き

一六年二月下旬、福岡県粕屋町のスズキの販売店では、会社員の女性（45）が商談していた。普通車よりも税金が安い軽自動車への買い替えを検討しているという。

「でも、そもそも車の税のことは全然わかりません」

それだけ自動車にかかる税金は複雑だ。まず買う時は、消費税以外に都道府県の税金で一部が市町村に回る「自動車取得税」や、国税で一部が市町村に回る「自動車重量税」がそれぞれかかる。重量税は車検のたびに払う。さらに車を持っているだけで毎年かかる

「自動車税」や「軽自動車税」がある。そこに車の「エコ度」に応じたさまざまな減税制度も絡む。

佐渡研士店長は、こう話す。

「お客様に伝わるのは消費税くらいです。いろいろな税金がなぜかけられているのかがわかりにくいため、とにかく『払うのは損だ』という感覚になります。いっそひとくくりの税にしてもらったほうがわかりやすいのですが」

そんな現場の声はお構いなしだ。自治体にとっては貴重な税収だし、自動車業界にとって、人口減や若者の車離れで国内の自動車販売は頭打ちなので、税を軽くして販売減を食い止めることは長年の悲願だ。このため年末の税制改正の議論では、「税収維持派」と「減税派」の激しい攻防が毎年のように繰り広げられている。

一五年末は、車を買うときにエコ度に応じてかかる新税のあり方が議論の焦点になった。消費税率を一〇%に引き上げるのに合わせて、地方税である自動車取得税を廃止することはすでに決まっていた。しかし、単なる廃止では自治体が一千億円規模の税収減となる。そのため、新税で穴埋めすることも大枠では決まっていた。

すでに廃止を勝ち取っている「減税派」は、新税の詳細を決めることを、まず一六年末にずらして少しでも導入を遅らせる先送り戦術をとった。

「消費税率一〇％で車の販売が六十七万台、雇用は二十六万人減る」。一五年十月、日本自動車工業会（自工会）の永塚誠一副会長は、総務省で開かれた自動車税制に関する有識者会議でそんな試算を示した。かつて経済産業省で自動車課長を務めた永塚氏に続き、現役の伊吹英明・自動車課長も「自動車税の引き下げを」とたたみかけ、業界と経産省の連係プレーを見せつけた。

一四年に自民党の政治資金団体「国民政治協会」に献金した産業界の団体で自工会は八千四十万円と首位。三百人近い国会議員を擁する自動車議連も加勢し、政官業一体の圧力で先送りムードが濃厚になっていた。

しかし「税収維持派」が反転攻勢に出る。

「今年の税制改正でやらなければ間に合わない」。舛添要一・東京都知事は一五年十一月二十日の記者会見でこう語った。十一月中旬以降、首長や地方議会の全国団体も続々と先送り阻止に動いた。音頭を取ったのは総務省。幹部は「先送りされれば大変なことになりかねない、と各都道府県に危機感を伝えた」と明かす。

総務省の強みは、人とカネを通じた自治体への影響力だ。総務省出身の知事は十四人。

副知事などの幹部職にも部長級以上だけで約百人の官僚を送り込み、地方交付税の配分を通じて自治体の「財布」も握る。また、選挙を戦う国会議員にとって地方議員の支援は欠かせず、総務省や地方首長出身で自治体の利益を代弁する国会議員も多い。結局、税収維持派が減税派の圧力を押し返す。大綱には、二〇年度を想定した燃費基準に応じて、「非課税」「一%」「二%」「三%」の四段階の税率でかかる新税の詳細案が盛り込まれた。

対する減税派もぎりぎりまで粘る。自工会の池史彦会長（ホンダ会長）は十二月二日に額賀氏を訪ね、改めて先送りを求める。そこで額賀氏は、新税の詳細決定を先送りしない代わりに、自動車税など別の減税方針を大綱に書き込む落としどころを探り、先述のように「税負担の軽減」に触れた一文を大綱にねじ込ませたというわけだ。

大綱には、「自動車ユーザーの負担軽減」といった自動車業界に配慮した文言と、「地方財政に配慮」など自治体に目配りした文言も入り交じる。普通車の減税とも、軽自動車の増税とも解釈できる「登録車と軽自動車との課税のバランス」という文言もあり、まさに「玉虫色」だ。

一六年一月五日に開かれた自動車業界の賀詞交歓会。池会長は業界のために頑張った議員らに謝意を表しつつ、こう気勢を上げた。

「去年が税制の正念場なら、今年は天王山。業界一丸で取り組む」

攻防は終わらない。

年間最大百八十三億円、どよめく会議室

二〇一五年十一月三十日。一六年度税制改正をめぐる議論は山場に入り、東京・永田町の自民党本部では、党税調の非公開の会合が連日のように開かれていた。

「これはサンカクにしよう」

隣り合って座る党税調の宮沢洋一会長と額賀福志郎小委員長が小声で申し合わせた。この日は「○×（マルバツ）審議」が行われた。約三百六十項目に及ぶ税制改正の検討項目について○（承認）、△（事実上の承認）、×（見送り）などと判定をしていく。終盤までもつれる重要テーマは「㊎（マル政）」の印をつけ、議論を後回しにする。

ほとんどの項目は、「電話帳」と呼ばれる分厚い資料に、議論を踏まえて財務省や総務省が付けた判定の原案を、議員側が意見を述べつつも追認する。だが、機械にかかる固定資産税の減税は、宮沢氏と額賀氏の判断で判定が△に翻った。固定資産税は、土地や建物だけでなく、発電所の発電機や工場の機械などの「償却資産」からの収入も大きい。

総務省の原案は×だった。担当する官僚も念を押すように「バツでお願いします」と訴えた。地方税の柱である固定資産税収を減らしたくない自治体側に配慮した判定だ。これまで、固定資産税が設備投資を促す減税に使われた前例もなかった。

これに対し、経済産業省や自民党の経済産業部会が減税を求めた。赤字なら納めない法人税と違い、固定資産税なら減税の恩恵を受ける中小企業が広がるからだ。田中良生・党経産部会長は会合で「地方を支える中小企業の多くは赤字。法人減税も赤字企業には効かない」と発言。ある参院議員は「私は来年、選挙があり、戦う上で地域に目配りが必要だ」と訴えた。

十月まで経産相だった宮沢氏はもともとこの減税に前向きだった。席を立って総務省幹部を呼び寄せ、「△」への変更を通告。額賀氏が頃合いをみてまとめに入った。

「皆さんの熱情あるご意見も踏まえてこれはサンカクに」

会議室が「オーッ！」と、どよめいた。

減税額は最大で年間百八十三億円。政治の力で新たな特例減税が生まれた瞬間だ。中小企業が買う新品の機械への課税負担を軽減して投資をしやすくするための減税だが、経産省や自治体が似たような趣旨で配る補助金もある。自治体の税収が減れば住民サービスにも影響が出かねないが、減税のメリットとデメリットを冷静に比較検証する議論は尽くされなかった。

議員のパフォーマンス

自民党の政権で、特例の減税や、税の新設、廃止を実質的に決める党税調は、国会議員のパフォーマンスの場でもある。各業界が日頃から支援している議員に、少しでも業界に有利になる発言をしてもらおうと期待し、議員の側も、期待に応えられなくても、熱心に取り組む様子を印象づけて求心力を増す舞台の一つだ。

一方で、地方自治体などにとっては地域の課題を自分たちで決めることができず、国会議員に頼まざるを得ない現実を突きつけられる場にもなっている。

「よっ、エース！」

同僚議員のかけ声に押され、かつて巨人軍で投手や監督を務めた堀内恒夫参院議員（68）がマイクを握った。二〇一五年十一月三十日午後、党税調の小委員会でのことだ。

堀内氏は熱弁をふるい、「ゴルフ場利用税」の廃止を訴えた。

「おかしいですよ。スポーツに（税を）かけたら。おかしいものはおかしいと思わないほうがおかしい」

利用税は、ゴルフ場でプレーする際に利用者が負担する税金。標準は一日八百円で、税を徴収する都道府県がプレー料金などに応じ、一千二百円を上限に税額を決める。四百七十九億円（一四年度）の税収の七割は、都道府県からゴルフ場のある市町村に交付金として入る。この税金は消費税との二重課税で、ゴルフ人口の減少に拍車をかけているとして、ゴルフ場関係者や競技団体などが廃止を求めているのだ。

「ゴルフ場利用税廃止！」「ゴルファーの悲願」。京都府で唯一の村、南山城村にある月ヶ瀬カントリークラブ（ＣＣ）のクラブハウスにも廃止を求めるポスターが貼られていた。月ヶ瀬ＣＣの利用者は一九九〇年代初めに年間四万六千人いたが、バブル崩壊とともに客足が遠のき、一五年は二万六千人に減った。プレー料金もかつては休日ならキャディー付きで一ラウンド税込み三万円前後だったが、いまは日によって税込み七千円程度。月ヶ瀬ＣＣの場合、利用税は一日七百五十円。プレー料金が下がった分、税の負担感が増したという。大谷和久支配人は「なくなれば必ず利用者が増える」と廃止を切望する。

こうした声に応えようと、堀内氏らが入る自民党ゴルフ振興議員連盟（約百人、衛藤征士郎会長）や、スポーツとしてのゴルフ振興を掲げる文部科学省・スポーツ庁などが利用税廃止に向け奔走してきた。だが、税の存廃を決めるのは党税調の権限であり、業界団体や省庁が要望しただけでは実現しない。

党税調には、自民党議員なら誰でも出席と発言ができる「小委員会」から、最高幹部だけで集まる「インナー」まで複数レベルの会合がある。小委員会は自由な発言の場であり、大事なことを決める場ではない。採決も取らない。それでも小委員会で多くの議員が利用税廃止を訴えれば、それが「要望の強さ」になり、最終決定も有利になる可能性が高まる。

一三年に初当選した堀内氏のように、当選回数が少ない議員にとっても、小委員会で発言することは特別な意味を持つ。印象的な発言をすれば、ひな壇に陣取る税調幹部らに顔を売ることができるし、会議室から発言が漏れ聞こえることもあるため、廊下で聞き耳を立てる業界関係者らへのアピールにもなる。

堀内氏が小委員会に出るのは三年目だが、一年目は勝手が分からず見るだけで終わり。二年目は挙手したが当ててもらえなかった。今回は運良く進行役に近い席に座ることができ、初めて発言の機会を得た。堀内氏のほかにも六人が「消費税と二重の負担だ」「ゴルフ場は雇用でも大変重要な貢献をしている」などと発言し、「廃止」か「継続した審議を」

と訴えた。ところが党税調の最終決定は利用税の「存続」。小委員会では廃止派を上回る九人が存続を訴えていた。

自治体陳情「税収奪うな」

守る自治体の側も真剣に抵抗する。安藤裕衆院議員（50）は存続派の一人として小委員会で発言した。

「私の選挙区、京都府の笠置町と南山城村は地方税収における利用税（の割合）がナンバーワン、ナンバーツーです。特に笠置町は昨年（一四年）、子どもがひとりも生まれなかった町です。そのようなところの税収を取り上げるのは、まさに地方創生に逆行する」

安藤氏は前回衆院選で京都六区から立候補し、小選挙区では敗れたが比例で復活当選した。その選挙区内にある笠置町と南山城村には合わせて四カ所のゴルフ場があり、一三年度に利用税から配分された交付金は、笠置町が四千七百万円、南山城村は七千六百万円あった。もし利用税がなくなれば、両町村に入る地方税収の二割超相当の財源が失われることになりかねない。

南山城村の手仲圓容村長は一五年十月末、党税調の国会議員に利用税の存続を訴えて回った。村長になって九年目だが、利用税の陳情で上京したのは初めてだった。笠置町の松本勇町長らと、「ゴルフ場利用税堅持のための全国市町村連盟」の幹事を務める。連盟は一三年に発足し、ゴルフ場がある自治体の九割にあたる八百四十市町村が入る。年々強まる廃止派の圧力をはね返そうと、一五年は過去にない陳情攻勢をかけた。道府県ごとに幹事自治体を置き、地元選出の国会議員らにくまなく、党税調の場で「存続」を訴えてもらうよう要請した。十、十一月には連盟の中心メンバーが党税調幹部を直接訪ねて陳情を重ねた。

連盟の代表世話人の一人、兵庫県三木市の藪本吉秀市長も一五年秋以降、利用税の存続運動に忙殺された。そうした努力は、小委員会での九人の「存続」発言につながり、ひとまず実を結んだ。だが、エスカレートする陳情合戦に、藪本市長には疑問も残った。

「自分たちの財政にかかわる税収に関することなのに、自分たちでは決めることができません。ロビー活動にどこまで時間とエネルギーを割けばいいのか」

個別の商品にかかる税金は、その商品の売れ行きに影響するので、業界は政治に積極的に働きかける。多くの人が使う商品、高額な商品ほど税収も大きくなるので、関係する省庁の間でも綱引きがある。税制を巡る攻防では、政官業を巻き込んだ神経戦が続くが、ユーザーの目線は置き去りにされがちだ。

延長二十九回、経営の前提に

激しい攻防をよそに、一部の関係者の間でぬるま湯のような税制優遇が続く業界もある。特例減税は例外措置なので「期間限定」が原則だが、政治判断しだいで延長できる。延長を繰り返しながら長年続いている減税も少なくない。

六十五年間続く船舶の特別償却制度（特償）は「最古の特例減税」だ。

企業は機械設備などの購入費を「減価償却費」として複数年に分けて費用として計上する。その分利益が圧縮され、法人税が安くなる。船を買うと減価償却費を通常より前倒しで計上でき、買った直後の税負担が軽くなるのが船舶の特償だ。戦後の船舶不足を解消する目的で一九五一年に始まり、二十九回にわたり延長されてきた。時代によって目的や対象は微修正され、今は一定の環境性能を満たした船舶を対象にしている。

減税の恩恵は船のオーナー会社が受ける。かつて瀬戸内海を支配した「村上水軍」ゆかりの愛媛県今治市には「今治船主」と呼ばれる外航船（国際航路の運航船）のオーナー約七十社が集まる。船主会社の一つ、瀬野汽船の応接室には、自社の船の写真が壁一面に飾られている。

税負担の軽減分は、こうした船舶の買い替え資金などに回る。瀬野洋一郎社長は「特償がなければ資金調達できない」と話す。減税をやめると「税金の安い新興国に本社を移す船主が出かねない」（地元銀行の支店長）ため、今治市で一万人超が働く海事産業が苦境に陥る恐れもあるという。

減税継続へ、船主たちが頼るのが超党派の国会議員約三百六十人と海運、造船などの船舶関係者でつくる「海事振興連盟」だ。名誉顧問には安倍晋三首相や野田佳彦前首相、元首相の麻生太郎財務大臣が名を連ねる。今治市が選挙区の村上誠一郎衆院議員（自民党）は日本船主協会会長や日本造船工業会会長らとともに副会長を務めるが、税制改正の時期に財務省の担当者らに電話し、特償の延長を要望しているという。党税調の副会長でもある村上氏は「海運は経済の大動脈。税収減とのバランスをみても、特償は必要だ。くだらない減税なら、業界に頼まれても自分は動かない」と話す。

有識者でつくる政府税制調査会（首相の諮問機関）は一四年、期限切れの特例減税の原則廃止を提唱した。それでも多くの減税が延長されるのは、長く続くと減税を前提とした企業経営が定着し、やめるのが難しくなるからだ。

会計検査院の報告書なども合わせて分析したところ、約四割の減税項目はできてから二十年以上も続いていた。これは、政策効果の検証や、例外的な減税を絞り込む作業が不十分なことを示している。自民党政権では、自民党税調という「政治主導」で税制が決まるため、実際の政策効果よりも、業界団体や政治家の「声の大きさ」で税制が左右されやすい。特例減税の恩恵を受ける企業は非公表で、予算に比べると、税制の「費用対効果」は国会でもあまり議論されない。

実績ゼロも十八項目

長く続く特例減税もあれば、ほとんど使われない減税もある。一四年度は、八十七の減税項目のうち十八で実績がゼロ、利用件数が一桁の特例減税も十六項目あり、全体の四割近くがほとんど使われていなかった。

実績ゼロの特例減税のうち、七つは沖縄県内で適用される減税だった。

同県名護市辺野古の米軍キャンプ・シュワブの近くに、二階建てで正面がガラス張りの「みらい館」など五棟が点在している。外国為替証拠金取引の「外為どっとコム」は〇九年、この一棟にディーリングルームを開いた。東京が被災した際の事業継続のためで、東日本大震災では一時、全ての取引を名護市に移した。みらい館には現在二十七社が入り、六棟目の建設も始まった。

ところが、名護市が〇二年に指定された「金融業務特別地区」の特例減税の一一～一四年度の利用は一件だけ。政府は一四年度、新たに「経済金融活性化特別地区」の制度をつくり、減税対象を情報通信、観光、製造業などにも広げ、投資額の要件も設備投資の場合に一千万円超から百万円超に引き下げるなど、大幅に緩和したが、一四年度の利用はなかった。その理由の一つに「至れり尽くせりで投資がほとんどいらない」（進出企業社長）ことがある。名護市は建物を建てるだけでなく、電子黒板や入退室などのセキュリティー設備、自家発電まで備えてくれる。進出企業は「パソコンを持っていけばすぐに仕事ができる」とまで言う。

同県うるま市の広大な埋め立て地の一角にある「ＩＴ津梁パーク」でも、県による建物だけでなく、企業が共同で使えるように機材を買いそろえる社団法人を県などが設立している。進出企業の投資は少なく済むため、減税による「てこ入れ」の効果は限られる。

沖縄は太平洋戦争で地上戦を経験し、いまも米軍基地問題に揺れる。国は本土復帰前年の七一年に「沖縄振興開発特別措置法」を作り、産業振興などを続けてきた。沖縄県企業立地推進課は「企業立地は進んでいるところなので、減税を受ける企業はこれから出る」と説明するが、進出企業はこう話す。

「沖縄は補助金だけでもジャブジャブにあるので、他の都道府県とは比べものにならないぐらい恵まれています。減税は制度を作れば沖縄向けに配慮していることを示すことができます。実際に使われることがなくても、政治的なポーズの効果は大きいと思いますよ。でも、それが企業も行政も甘やかすことになって、本当に伸びる企業がでてこない原因の一つになっていると思います」

特例減税に詳しい熊本学園大学大学院の末永英男教授は次のように指摘する。

「『課税の公平』の原則をゆがめる特例減税は、特定の政策にどうしても必要な場合に限って実施するべきです。減税は、『マイナスの補助金』なので、利用が少なくても政策的に必要なのであれば、予算にも載る形の補助金として企業に交付する方がチェックも行き届きます」

第五章　三世代同居、宗教、酒　減税天国の闇

第四章で説明したように、政府は毎年税制を変える。だが、中にはどうしてこんな制度ができたのかと、首をかしげたくなるものもある。

二〇一六年度に始まった「三世代同居税制」は、新たな住宅リフォーム減税だが、現実の国民や業界の要望よりも、「日本古来の三世代同居はいいことだ」という価値観を広げることのほうにウエイトがあるようだ。調べていくと、安倍晋三首相のブレーンが推進する「家族の絆の再生」の発想が背景に浮かび上がってきた。

また、山林を整備するために、国民の半分ぐらいから年間五百〜一千円の税金を集めることが政府内で決まっている。これは地球環境のために使われる税金だという。だが、すでに民主党時代に「環境税」が導入されている。背景には石油業界の強い反対で、環境税を使いにくいという事情があった。

一方で、なぜか税金を払わなくていい業種も存在する。たとえば、日本人は信仰心があまりない人が多いのに、宗教法人の税金は優遇されている。

我々の生活は税制と不可分だが、権力者の意向で決まり、庶民は蚊帳の外にされている。納税者は支払う理由も使い道もよくわからないまま、税金を取られる立場になるので、「重税感」は募るばかりだ。

不可解な税制はなぜ生まれてきたのだろうか？

誰のための「三世代同居減税」か？

「子育て支援」の名のもとに、「家族の絆の再生」（安倍首相）という価値観を込めた税制が一六年度から始まった。「三世代同居税制」と呼ばれる新しい住宅リフォーム減税で、祖父母、親、子三代の同居を促すというものだ。

「二世帯住宅」という言葉はよく聞く。「ヘーベルハウス」ブランドの住宅を販売する旭化成ホームズがこの言葉をつくって四十年以上になる。同社が販売した二世帯住宅は約十一万戸に達する。同社の松本吉彦・二世帯住宅研究所長は「親と子の世帯が独立性を保ち、嫁姑問題も解決するというコンセプトが受け入れられた」と話す。

ところが今回の減税は、聞き慣れない「三世代同居」のためのリフォームを支援する税制優遇なのだという。

その要件は、風呂、トイレ、台所、玄関のうち二種類以上の設備を複数に増やすリフォームをすることで、費用の一〇％分（最大二十五万円）が納めた所得税から戻るというものだ。改修のためのローンに応じた減税や、同趣旨の補助制度も始まる。要するに、二世帯住宅へのリフォームなのだが、あくまでも三世代で同居することの支援をうたう。バリアフリーや省エネのためのリフォーム減税は既にあるが、今回のような同居支援をうたう税制は初めてだ。

この減税は、リフォーム業界が要望してきたものではない。住宅リフォーム推進協議会の幹部は「（減税で）需要が刺激されるのは歓迎」としつつ、「三世代同居という言葉は今回初めて聞いた。業界では長く『二世帯住宅』と言ってきましたから」と首をかしげる。

安倍ブレーンが推進旗振り

では、この発想はいったいどこから出てきたものなのか。

実は、三世代同居支援は、安倍首相のブレーンである伊藤哲夫氏が代表を務めるシンクタンク「日本政策研究センター」の長年の主張と重なり合う。

伊藤代表は、首相が特別顧問を務め、衆参両院の約二百八十人の国会議員が所属する日本会議の政策委員でもある。同センターは、機関誌「明日への選択」の一六年三月号で、三世代同居支援を次のように評価している。

「三世代同居・近居の推進は安倍首相の持論とも言える。（略）三世代同居・近居の推進には、『家族の絆の再生』という願いが潜んでいることは注目されてよい」

一一年七月、日本政策研究センターは東京・永田町の憲政記念館で地方議員向けに緊急政策勉強会を開いた。参加した地方議員によると、伊藤代表に続き、日本会議の役員の稲田朋美氏（安倍内閣で行政改革相、防衛相）、衛藤晟一氏（同首相補佐官）、高市早苗氏（同総務相）、下村博文氏（同文部科学相）らがあいさつした。

地方議員四十～五十人が参加した勉強会では、岡田邦宏センター所長らから「家族の絆を取り戻し強化するため、三世代同居を推進する税制や支援策を増やす」などの問題提起と資料の提供があった。参加者の一人は「初めて三世代同居支援という考え方を知り、有志で勉強会を開いたり、地元の議会で質問したりした」と話す。

このころから、自治体に独自の三世代同居支援策を求める動きが広がった。内閣府によると一五年四月現在、都道府県では少なくとも六県で三世代同居のための補助制度などがある。ある県議は、こう話した。

「このまま行けば社会保障費は膨れあがる。地方議会でも三世代同居を支援するべきだという趣旨で質問してきたが、知事が動かなかった。今回、国が税制で動いたことで、やっと話が通りやすくなった。県は上を見て仕事しているからね」

三世代が同居し、老人の面倒を子や嫁がみるようにすれば、社会保障費が抑えられるという考えが底流にある。

こうして三世代同居という古めかしい家族形態にスポットライトが当たり、三世代同居税制が実現することになったのだ。

「一億総活躍」首相の一声

この減税の実現を指示したのは安倍首相だった。

一五年十月七日、内閣改造で国土交通相に就いた石井啓一氏は就任会見でこう述べた。

「総理から三世代の近居・同居を推進する指示もございました」

これを機に、住宅政策を所管する国交省が具体策を練ることになった。同省幹部は「総理指示で、省でも最優先事項になった」と明かす。

自民党側でも、それまで「三世代同居」を扱っていた内閣部会の秋元司部会長（衆院議員）が国土交通部会長になり、内閣府が八月に出していた提案は、内閣府と国交省との共同要望に差し替えられた。

指示から二カ月余り。十二月十六日にまとまった「与党税制改正大綱」に三世代同居税制が盛り込まれた。あっさり決まったように見えるが、業界の要望がなかった代わりに、政権肝いりの政策を担う内閣府は〇八年以降、断続的にこの減税を要望してきた。「同居を希望する高齢者や勤労世代が存在する」「祖父母に相談しながら子育てを希望する者もいる」といった理由だ。

第一次安倍政権（〇六〜〇七年）の当時、内閣府政務官だった山谷えり子参院議員は自身のホームページで「官邸で『家族の絆、地域社会再生』政務官プロジェクトチームの事務局長として、三世代同居を応援するための政策を作るための提言をとりまとめた」と記しているが、その提言は長い間実現しなかった。

政権の強い後押しがあっても、実現に時間がかかったのは、「対象者や効果が不透明」「人生観や価値観に踏み込む税制はなじまない」といった反対論が政府内で根強かったためだ。税制の決定権を持つ自民党税制調査会（党税調）も冷ややかで、第二次安倍政権で決めた一三〜一五年度税制改正でも採用は見送られ続けた。

流れを変えたのが、安倍首相が一五年秋に掲げた「一億総活躍」だ。三世代同居は子育てしやすい環境づくりにつながると、優先順位が一気に上がったのだ。同じ時期、減税に慎重だった野田毅・党税調会長は、消費税増税時の軽減税率に後ろ向きだとして更迭されていた。ここでも、税制の決定権が、党税調から官邸に移っていることが垣間見える。

三世代同居の旗を振り続けてきた秋元部会長は、満足げに語る。

「業界は一切関心を持たなかったし、党税調も冷淡だった。これまでとの違いは、内閣が本気になったということだ。今回、『三世代で住むのはいいことだ』というメッセージが広まった。マスコミが大きく伝えて三世代同居という言葉が一般的になった。自分の選挙区（東京都江東区）は土地が狭くて三世代同居に改修できる家が少ないので、あまり反響はないが、私のフェイスブックではよい反響がもらえている」

同居希望者は男女とも二割前後

では、実際に住まいを使う側は同居を望んでいるのだろうか。

東京都杉並区の三十代女性は「使いたい制度だと思わない」と言う。今は共働きで小学生と保育園の子二人を育てているが、杉並区の場合、保育に協力可能な六十五歳未満の親と同居した場合、保育園の入園審査で優先順位が下がる。彼女も区立保育園の入園審査に落ち、異議を申し立てたこともある。子育てを助けてもらうために両親を呼び寄せて同居した友人は「自分の仕事のために両親を犠牲にした」と、後悔しているという。

内閣府が一三年に実施した意識調査で「理想の家族の住まい方」を聞いたところ、三世代同居の希望は男女とも二割前後。二十代女性は八・六％、三十代女性でも一〇・八％だった。年代が上がるにつれて増えるが、七十代でも三割程度でしかない。

老人の面倒は家族で見ろということになれば、割を食うのは嫁なのだから、若い女性に不評なのは当然だろう。

国会でもこの減税は議論になった。「出生率をあげていく政策はいろいろほかにある。単なるイメージで税制改正が行われているのではないか」。一六年二月の衆院財務金融委員会で玉木雄一郎議員（民主党）はこうただした。衆院予算委員会では、与党が公述人として推薦した白石真澄・関西大学教授も、こう話した。

「家族形態としては、今、親との同居世帯というものは減っております。経年的に減っておりまして、むしろ少数派でございます。ですから、全体に政策的な効果が行き渡らないというところで私はちょっとクエスチョンマークがともります」

厚生労働省が一五年、若者世代の出産・子育てに必要なことを意識調査で尋ねたところ、二十〜四十九歳世代のトップは「安定した雇用と収入」だった。「安心して保育サービスが利用できる」「仕事と家庭の両立支援、長時間労働などの見直し」などが続き、「祖父母からの育児の支援」は下から三番目の十七位だった。同居支援よりも、収入の安定や保育所の定員拡大への要望が切実なのは明らかだ。

安倍首相自身は、一四年七月の地元・山口県での講演で、三世代同居推進のねらいをこう語っている。

「社会保障をはじめ、あらゆる社会システムの中、その負担を軽減する、大家族を評価するような制度改革を議論すべきだと思います。三世代の近居や同居を促しながら、現代版の家族の絆の再生を進めていきたい」

確かに、介護や子育てをはじめ、年金制度もその負担が大きく国民にのしかかっている。とはいえ、戦後の日本は、家族、とりわけ「嫁」が担ってきた子育てや親の介護・扶養を社会として担う選択をして、さまざまな社会保障の制度を作ってきた。そのための税や社会保険の負担が国民に重くのしかかっている。だからといって、家族が社会保障の役割をする昔に戻すのは、少なくとも「一億総活躍」の看板とは相いれないものではないか。

納骨堂、宗教かビジネスか

長らく税制において優遇されてきたものに宗教法人がある。

宗教法人は収益事業をしなければ、所得に課税されないし、法人本来の目的に使えば固定資産税もかからない。信ずる教義を広め、信者を教化・育成することを主な目的とする団体と規定されているため、教義や儀式を通じて社会貢献する「公益性」が税優遇の根拠のひとつとなっている。

だが、時代とともに「弔いのかたち」が変化し、葬儀や墓にまつわるビジネスが盛んになってきている。経済産業省の二〇一三年の調査によると、葬儀関連市場の売上高は年間二兆円を超えた。

死者を弔う行為は宗教との関連が強い。だが、核家族化や家族観の多様化で、葬儀はより簡素に、墓も代々の継承を前提としないものが増え、地方では廃寺などが相次ぐ。都会でも、伝統にとらわれない葬儀のスタイルが広がりつつある。

こうした風潮の中、課税における宗教と葬儀ビジネスの線引きも、難しくなっている。

東京都港区。赤坂見附駅から徒歩数分という都心の一等地に、五階建てのモダンな建物がある。石川県金沢市に本院がある宗教法人「伝燈院」が一三年に開いた「赤坂浄苑」だ。広さ四百㎡超の敷地に、本堂や、約三千七百基を収容できる納骨堂を備えている。

納骨した遺族は、ホテルのロビーのようなラウンジを抜け、二〜三階の参拝室へ向かう。参拝ブースは計十二あり、ICカードをかざすと奥の納骨庫から骨つぼが入った「厨子」が出てくる。夜九時までお参りでき、都会のサラリーマンが仕事帰りに立ち寄れる。

永代使用料は一区画百五十万円、管理費にあたる毎年の護持会費は一万八千円だ。将来、護持会費が払えなくなっても、合祀して永代にわたり供養するという。区画の販売は仏壇・仏具大手のはせがわに委託している。売れると手数料がはせがわに入り、残りは伝燈院が建設費の借金返済に充てる。赤坂浄苑では、一五年末時点で区画の約三割が売れていた。

ところが、赤坂浄苑の固定資産税をめぐり、宗教法人側が想定しなかった事態が起きている。一五年三月、納骨堂として使う敷地と建物の前年度分の固定資産税などとして、計四百万円余りを納めるよう東京都から求められたのだ。

地方税法は、宗教法人が宗教目的で使う土地や建物は固定資産税などを非課税にすると定めている。寺や神社のほか、墓地も非課税扱いとされてきた。伝燈院は、納骨堂も墓地と同じ非課税扱いと考えていた。しかし都は、赤坂浄苑が宗派を問わず遺骨を受け入れたり、はせがわに建物内で営業を認めたりしていると指摘し、課税に踏み切った。

これに対し伝燈院は七月、都に課税取り消しを求める訴えを東京地裁に起こした。角田徳明住職は、こう主張する。

「他の宗派の方も受け入れて布教するのは当然です。納骨堂は故人のために毎日読経するなど、宗教活動に使っています。ほかで課税された例は聞いておらず、我々だけ課税されるのは納得がいきません」

宗教法人が運営する納骨堂は一三年度末で約八千あり、〇八年末より七百以上増えた。大都市圏への人口流入と高齢化を背景に、狭い敷地で多くの遺骨を収容できるビル型の納骨堂の新設が相次ぐ。

こうした新しいタイプの納骨堂が固定資産税の課税対象になるのかどうか、法律に明確な規定はない。都も「課税するかどうかは実態に応じて個々に判断している」という。一六年五月の東京地裁判決で都側が勝訴して、伝燈院側が控訴しなかったために判決が確定した。今後、ほかの納骨堂への課税に影響を与えそうだ。

法人役員は葬儀社社長ら

一四年に日本で亡くなった人は百二十七万人余。十年間で二割超増えた。墓地や納骨堂の「需要」もそれだけ増えている。

厚生労働省は、民間が墓地や納骨堂を運営する場合、運営主体を宗教法人などとすることを指針で定めている。営利に走らず、永続的な運営が望ましいとの観点からだ。そこで増えているのが、葬儀業者や墓石業者などが宗教法人と「一体化」するケースだ。

千葉市内で一五年九月、五千基収容できる納骨堂の建設計画が持ち上がった。市内の宗教法人は一四年春、予定地の一角に古い一軒家を購入した。だが、宗教的な外観の建物はなく、近所の男性によれば、納骨堂計画の案内板が立つまで人の出入りもほとんどなかったという。

この宗教法人は四十年ほど前に千葉県八千代市で設立されたが、一三年、県内にある葬儀社の社長が代表役員に就いた。一五年十月時点で、宗教法人のすべての役員に葬儀社の関係者が就いている。納骨堂の予定地も、宗教法人が葬儀社から買ったものだ。

納骨堂の計画に対しては、地元の住民らから「宗教法人の実態が不透明で、十分な説明もない」として反対運動が起きている。住民側の弁護士は「活動実態がほとんどない法人を葬儀社が支配している可能性が高い。宗教法人の収入は多くが非課税になるメリットも大きいのでは」と話す。

法人の代表役員は朝日新聞の取材に、「土地、建物の取得手続きや支出は適切に対処している」などと文書で回答した。

税の優遇、各地で着目

宗教活動へのさまざまな税制優遇に着目した動きは各地にある。

西日本の建設会社は二〇〇五年、二十億円近い借金を抱えて倒産した。この会社は一九八〇年代に約一ヘクタールの霊園を開発した実績があり、その際、必要となる宗教法人を縁故を頼って取得していた。この霊園が、経営者一族を窮地から救った。

銀行は、手堅い霊園事業で融資を回収しようと、建設会社の元社長の長男が住職を務めていた寺の宗教法人に借金を負わせた。宗教法人は地元の石材業者に任せていた墓石の販売も自らやるようにして、永代使用料（一基五十万〜百万円程度）のほかに、墓石代（一基数十万〜百万円以上）も入るようになった。

いま、この宗教法人は、墓石販売や法要など税金がかかる収益事業の売上高が年二千万〜三千万円ある。加えて、永代使用料など非課税の収入が約三千万円あり、こちらはほぼ全てが利益になっている。非課税事業の墓地の造成費用の名目で借金をしているので、借金の返済や利子の支払いは非課税事業からと分けている。

長男の住職は、こう話す。

「銀行から本山に借金の保証をしてもらうよう言われて本山に頼みに行ったら、本山との関係を切られました。が、おかげで上納金がいらなくなりました。ある人に、『借金があることを正直に話せば、君からお金を取ろうという人は誰もいないよ』と言われましたが、その通りでした。一生懸命に拝む姿を見せることで信頼され、墓が売れます。葬儀は競争が激しいのでやめました。建設業をしていても、競争、競争でしょう。霊園は競争が少ない。宗教活動に力を入れてよかった」

関西のある寺では、税制優遇を檀家への「便益」に生かしている。寺の敷地には車五十台が停められる場所がある。駐車場なら固定資産税や駐車場代収入への税金がかかるが、税務署には、檀家らが交通安全を祈願する「境内地」だと報告している。敷地には地蔵一体とさい銭箱があり、檀家は車一台につき月一千五百円の「さい銭」を納める。

六十代の住職は「収入は個人的には使わず、すべて将来の本堂の修繕などに備えて蓄えている。税務署は何も言いません」と話している。

財政が厳しくなる中、宗教法人だから課税が緩くなることは許されない。あいまいな部分が多い宗教活動だが、どうやって宗教活動と営利活動の線引きをすればよいのか。

寺の経営に詳しい慶応大学の中島隆信教授は「宗教法人を公益性の高いものとそうでないものに分け、営利型の法人には民間企業と同じ税率を課す改革が必要」と話す。収益事業の比率や、経営をチェックする外部評議員の有無などが公益性を判断する指標になりうるという。

森林環境税、是非置き去り

森林の間伐などの財源に充てるための新税「森林環境税」が政府・与党内で検討されている。二〇一七年度の税制改正大綱には、納税者が均等に負担することで、一七年暮れの議論でどうするかを決める方針が示された。その金額は一人あたり年五百～一千円程度が想定されている。全国民が負担する大義名分は、間伐が地球温暖化対策になる、という反対しづらいものだ。しかし、温暖化対策の税金はすでにある。新税構想を調べていくと、そこには業界と省庁間の綱引きがあった。

日本三大急流に数えられる富士川水系の上流域。山梨県早川町は、面積の九六％が森林に覆われている。

雪が残る一六年三月、森林組合の案内で山に入った。木々の根元には段々畑のために組まれた石垣の跡がある。耕作放棄地の段々畑にヒノキが植えられ、そのまま放置された場所だ。木を間引く間伐などが行き届いていないところは、木がどれも細い。細い木は根の張りが貧弱で、保水力も弱いため、土砂崩れや、下流での水害の危険も高まる。

もともと農地だと国や県の補助金が使いにくく、町予算で間伐しているが、予算は年数百万円になる。辻一幸町長は「山の恩恵は下流も受けている」との思いから、二十年以上、市町村が自由に使える森林整備の財源確保を国に求めてきた。そうした運動が一五年末、一つの「成果」につながった。与党の一六年度税制改正大綱に、森林整備の財源に充てるための新税「森林環境税（仮称）」の検討が盛り込まれたのだ。一七年度の大綱はさらに一歩進んで一七年末に結論を出す方針が書き込まれた。

複数の自民党議員や省庁幹部らの話を総合すると、新税のイメージはこうだ。

定額で課せられる個人住民税の「均等割」に、一人あたり五百〜一千円程度の新税が上乗せで課税される。住民税を納める約六千万人が対象で、税収は五百億〜七百億円規模を想定する。国税だが、集めた税金は森林面積などに応じて市町村に分配される。導入時期は未定。自治体が独自に似たような税を導入しているケースもあり、どう整理するかも未定だ。

地球温暖化対策、導入検討に追い風

新税構想の追い風になったのが、地球温暖化対策を強める世界的な動きだ。

二酸化炭素（CO_2）の大気中の濃度を抑えるには、省エネで排出量を減らしたり、木々の光合成によるCO_2吸収量を増やしたりする方法がある。森林吸収分として認められるには、間伐などをして光が入りやすくして、光合成の環境をよくしなければならない。

国土の三分の二が森林の日本では、森林吸収によるCO_2削減効果は小さくない。〇五年発効の京都議定書で政府は「〇八～一二年に温室効果ガスを九〇年比六％減らす」との目標を定め、そのうち四％近くは森林吸収分で達成した。新たな温暖化対策の枠組みとして「パリ協定」をまとめた一五年末の国連気候変動会議（COP21）を前に、政府は一五年夏、「三〇年度に一三年度比二六％減」という目標を示した。うち二％分は森林吸収分で減らす約束だ。

林野庁によると、政府目標の達成には、年間約五十万ヘクタールずつの間伐が必要だ。その他の費用を含め年に二千億円以上の予算がかかるが、現状は「当初予算では一千億円ほど足りず、補正予算だのみの状態」（林野庁の担当者）といい、慢性的な財源不足だ。

ＣＯＰ21に合わせ、新税構想を具体化する機運が政府・与党内で高まった。

温対税「拡大」、産業界が壁

だが日本にはすでに、地球温暖化対策税（温対税）という税金がある。なぜあえて新税なのか。温対税のベースは、石油や石炭の使用量に応じて課されていた「石油石炭税（石石税）」だ。環境重視を掲げた民主党政権が、石石税の税率を段階的に引き上げ、増税した分を一二年から温対税に衣替えした。一六年度で約二千六百億円になる。

温対税を含む石石税の税収は一五年度で約六千三百億円。だが、うち二百億円ほどは排出抑制などで使われず、一般財源としてほかの目的に使われている。林野庁は当初、温対税の一部が森林整備の財源に回ることを期待していたが、かなわなかった。

反対したのは経済産業省や産業界だ。温対税は、電力会社やガス会社が負担し、ガソリンや電気料金に転嫁するしくみだ。温対税の税収の使途は原則、工場やオフィスの省エネを進めたり、再生可能エネルギーを普及させたりするための補助金など、主にCO_2の排出を抑える事業に限られている。電気や燃料を多く使う産業界の負担が大きいため、省エネなど使途が産業界にも回るものでなければ理解を得られない、というのが経産省側の言い分だ。

一五年秋、東京都千代田区の国会に近い憲政記念館で、石油元売りの業界団体「石油連盟」と、ガソリンスタンドの経営者らでつくる「全国石油商業組合連合会」の関係者らが税制要望の大会を開き、約五百人が気勢を上げた。

「森林対策に温対税を充当するのは絶対反対！」

石油連盟には「将来の再増税につながりかねない」（広報）との危機感が強かった。反対で一枚岩になっている産業界の壁は厚く、林野庁も新税の創設へと戦略のかじを切らざるを得なくなった。

地球温暖化対策を進めるには、再生可能エネルギーへの転換や森林によるCO_2吸収のほか、CO_2の回収・貯留など、さまざまな手法や技術を総動員する必要がある。日本の温暖化対策税の使途が厳しく制限されているのは道理に合わない。まずは温対税で森林整備費を賄うことが先のはずだ。それでも足りないなら、温対税の税率を再び引き上げる選択肢もある。そもそも欧州諸国に比べ、日本のCO_2排出に対する課税の水準は低い。

そのため、納税者に一律の負担を求める新税構想には、反発が予想された。そこで自民党はプロジェクトチーム（PT）を作った。「インナー」と呼ばれ、税制の決定に大きな影響力を持つ党税制調査会（党税調）の最高幹部三人も加わった。インナーでPT事務局長も務める後藤茂之衆院議員は、森林整備に必要な一千億円規模の財源を新税と温対税の双方でまかなう落としどころを探った。「COP21の課題を国民全体で受け止めるきっかけ」と新税を前向きにとらえつつ、税負担を極力抑える必要があると感じていた。

バイオマスで関係省が手打ち

着目したのは、温対税の使途として認められていた環境省の「木質バイオマス」関連の事業だ。間伐した材木をチップにして、火力発電の燃料として使う。燃料のための間伐によってCO_2の吸収が増えるので、再生可能エネルギーと位置づけられている。その普及という名目なら、温対税の使途を広げなくても税収の一部を間伐関連に回せる、という理屈で経産省や環境省に譲歩を迫った。

一五年十二月一日、温対税によるバイオマス普及に向け「経産省、環境省、林野庁は連携して取り組む」と明記したPTの見解がまとまり、三日後に党税調に報告された。塩谷立・PT座長は「使途拡大ではない」と強調。産業界側の議員らの賛同を得て、新税導入の方針が固まった。温対税をめぐる省庁間の縄張り争いの調整に多くの労力を割かざるを得ず、屋上屋を重ねる新税の是非を問う議論は深まらなかった。

環境税の税率が上がると、企業は税負担を減らそうと化石燃料の消費量をより意識し、省エネや再エネに向けた技術開発に励む動機になる。電気やガソリンを使う消費者に、より地球にやさしい消費行動を促す効果もある。温暖化対策では、CO_2を出せば出すほど損をする仕組みを、税制や企業間取引の制度などを通じてつくっていく「炭素の価格化」という考えが世界の潮流だ。大半の国民に均等に新税の負担を求めるやり方が効率的と言えるのか、ほかの選択肢を含めて考えることができるはずだ。

ビールの攻防

政府は二〇一七年度の税制改正で、二六年十月まで約十年かけて、酒税を簡素化していくことを決めた。酒税は一般的な三百五十ミリリットル缶で、二百二十円程度で小売りしているビールには七十七円、百六十円程度の発泡酒には四十七円、百四十円程度の第三のビールには二十八円がかかっている。ビールは下げて、発泡酒と「第三」は上げて、五十四円余で統一する。

税を取る側からみてビールは「優等生」だった。かつて舶来の高級品だった名残もあり、税金はドイツの十七倍、米国の八倍と高いが、バブル期までビールが大衆の人気を失うことはなく、税収に貢献した。

ところが、ビールの定義を狭く定め、高級酒としての高い課税を維持し続けようとしたことが裏目に出た。定義をすり抜けてビールに近い風味の酒を開発する余地を与えたのだ。

サントリーは一九九四年、初の発泡酒「ホップス」を発売した。当時はバブル崩壊直後だった。消費者が少しでも安いものを求める時代に、安い酒税で販売価格も安くなるビール風の発泡酒がマッチした。ビールの税金は原料で使う麦芽の比率で決まり、当時は六七％以上とされていた。ホップスは麦芽比率六五％でビールに近い味を出して酒税を三百五十ミリリットル五十三円に抑え、百八十円で売り出してヒットした。九五年にはサッポロビールが麦芽比率二五％未満でさらに酒税が安い（三十七円）ジャンルの「ドラフティー」を投入した。

政府はこれに対抗して、翌九六年にビールの定義を麦芽比率五〇％以上に変え、二五％

未満の発泡酒は増税（四十七円）した。それでもキリンビールやアサヒビールの参入が続き、〇三年には麦芽比率二五％以上五〇％未満のジャンルでも増税（六十二円）をする。その際、業界側は「開発努力を無にする」と猛反発し、大手ビール各社のトップが街頭で署名集めまでして、国民にアピールした。

この増税で発泡酒の主戦場は麦芽比率二五％未満に移ったが、消費者の支持を得たこの分野の増税は容易ではなく、財務省はその場しのぎの対応をくり返してきた。〇四年にはサッポロビールが「第三」の第一弾として麦芽を使わずにビール風味にした「ドラフトワン」を全国発売した。他の大手もこれに追随したため、〇六年には「第三」も増税になった。発泡酒にスピリッツ（蒸留酒）を混ぜて作ったサッポロビールの「極ＺＥＲＯ」が「第三」にあたるかどうかをめぐり国税庁と激しく争う事態も起きている。

酒税法すり抜け、税収が四割減少

ビールまがいの酒が次々に売り出され、財務省があたふたと対応するのは日本特有の状況だ。背景には、酒税制度の欠陥がある。日本の酒税の体系が複雑で、酒の種類によって税のかけ方がばらばらなので、すき間を狙う商品が出てくる。各社が酒税法のビールの定義をすり抜ける発泡酒や第三のビールを続々と開発し、「本当のビール」の消費は減り続けてきた。二〇一四年度はピーク（一九九四年度）の四割ほどに落ち込んだ。その影響は大きく、全体の酒税の税収も一四年度は約一・三兆円と、ピーク（八八年度）の約六割に落ちた。

酒税の歴史は古い。明治期には日露戦争の戦費調達のためビールや清酒に高い税が課された。第二次大戦中には高級酒に高い税を課す狙いで、清酒やウイスキーなどに等級制度が設けられた。いまの酒税法は一九五三年の制定だが、こうした歴史に加え、政治家らの影響力も絡み、複雑な税体系は解消されずにきた。

財務省にとってビール類の税率一本化は悲願だ。

一五年十一月二十七日。税制改正を議論する自民党税制調査会（党税調）の小委員会で、財務省の坂本基・税制二課長は次のように報告した。

「今後、税率格差が是正されていく方向を踏まえ、ビール各社ではプレミアムビール戦争、クラフトビール戦争といわれるような、ビールへの投資に重点を置く動きが進展していきます」

これは、ビール業界がすでに、税率一本化を既定路線として受け入れているとの見方を強調した報告だった。業界が正式な方針決定を待たずに、将来の一元化に乗り遅れまいと、発泡酒や「第三」よりもビールの開発競争に力を入れていると言いたいのだ。これを受けた額賀福志郎・小委員長も「来年には具体的な結論を得る形で議論したい」と語り、一七年度の税制改正を決める一六年末に、ビール減税や、発泡酒と「第三」の増税について具体的な額や時期を決める方針を示した。

ビール減税、色めく業界

実際に、ビール業界は早くから、この税制改正を織り込んで様々な動きをしていた。

一六年四月、長野県佐久市の地ビールメーカー、ヤッホーブルーイングの工場では、黄緑色の缶が勢いよく製造ラインを流れていた。コンビニ大手ローソンで定番商品となった「僕ビール、君ビール。」シリーズから数量限定で売り出す「よりみち」の缶詰め工程だ。ユニークな商品名や個性的な味わいの地ビールをヒットさせてきたヤッホーの井手直行社長が、次の「追い風」と感じているのがビールにかかる酒税を減税する動きだ。

「ビールは、税金のために発泡酒、第三のビールとの間に価格差がありすぎます。いくら個性的なものを作っても、安さにはかないません。でも、税金の差がなくなって、発泡酒などを飲んでいる人がビールを飲もうということになれば、大手のビールよりは高いけれど、ちょっと背伸びをして自分の好みにあったビールを飲もうか、という人が確実に増えるとみています」

小規模でも味や製法にこだわる「クラフトビール」は最近人気で、キリンビールの推計では消費量が一四年の二万四千キロリットルから一五年には四万キロリットルに増えた。大手ビールメーカーがクラフトビールブームに関心を寄せるのも、一連の税制改正をにらんだ動きとみられている。

キリンとサッポロは一五年にクラフトビールの子会社を作ったほか、キリンは一四年、ヤッホーに出資し、主力ビール「よなよな」の生産を受託している。

佐久市にある別の地ビールメーカー、軽井沢ブルワリーの「THE軽井沢ビール」の缶には小さく「Asahi」と書かれていた。アサヒが一六年六月に発売した中元向けギフトセットで、「スーパードライ」と地ビールの詰め合わせを売り出すためだ。同社にもビール減税は追い風で、一七年夏をめどに製造能力を現在の二・五倍にする工事を進めている。

ビール好きにはうれしい本格的なビールの減税と開発競争だが、税率一本化では、早くから「一缶あたり五十五円程度」への一本化がささやかれていた。これを一気に進めなかったのは、発泡酒や第三のビールの増税に対する消費者の反発が強いこともさることながら、これらを開発して製造・販売してきたメーカーからすると、増税になれば一気に市場がなくなる可能性が高いだけに死活問題になるためだ。

アサヒはビールがビール系飲料全体の七割弱と最も高く、ビール減税は歓迎だ。一方、サントリーは「第三」が六割超を占め、増税の打撃が大きい。ただ、各社が日本の特殊な税制に縛られ、国内でしか売れない特殊なビール風飲料の開発競争に明け暮れた結果、世界市場で、日本のビールは存在感を発揮できないままでいる。ここでも「ガラパゴス化」が起きている。業界にも「反省しなければならない」（メーカー関係者）との声があり、党税調幹部は「サントリーも含め各社とも一本化されることはわかっている」と話した。それだけ時間をかけて話を進めたということを意味する。

元党税調会長で、かつて発泡酒増税にもかかわった相沢英之氏（96）は「歴史的な経緯があるため我々も合理的に説明できない面が否めず、調整は難しかった」と振り返る。

一七年度の税制改正では、ビール類の五十四円余への一本化とともに、日本酒は減税し、ワインと酎ハイは増税する方針も決まった。これにも十年かけるが、三百五十ミリリットトルで四十二円の日本酒と、二十八円のワイン、酎ハイを統一する酒税は三十五円だ。これでは、日本酒や酎ハイに消費が流れる可能性もある。場当たり的で、「足して二で割る」ような制度変更でしかない。税制がメーカーや消費者を振り回す状況をなくして、酒本来のおいしさで競争することを促すには、民主党政権がかつて検討した「アルコール度数に応じた課税」など、酒の種類から中立的な仕組みが必要だ。

第六章　税金地獄からの脱出

私たちの負担は右肩上がりに増えているが、間違いなくこれからもさらに増える。その最大の理由は高齢化である。

二〇一四年度に年金や医療、介護などに支払われた「社会保障給付費」は百十二兆一千二十億円と、GDP（国内総生産）の五分の一を超えているが、これは序の口。戦後生まれの「団塊世代」が七十五歳を超える二〇二五年以降が本番と見られている。

だが、すでに医療と介護の現場は崩壊が始まっており、人間らしい老後を送れない「老人地獄」が始まっている。

私たちがこんなに苦労して払っている税金や保険料は適切に使われているのだろうか。税の負担が重く感じられるのは、きちんと使われているのかどうかが疑問だからだ。

若い世代に広がる「将来不安」は、負担が重くなる一方で、将来の自分たちの生活がよくなる展望が開けないことが原因だ。にもかかわらず、政府は公的介護保険の役割を縮小するなど、公的社会保障の役割を縮小する動きを見せている。

何か処方箋はないのだろうか。

「救急車で運ばれたらなにもしないわけにはいかない」

日本は国民皆保険制度を通じて、国際的にみて安い医療費で高度な医療が受けられる。それが世界最高レベルの長寿を実現できた一因だ。

とはいえ、誰にも必ず「最期」は訪れる。内閣府が二〇一二年に実施したアンケート調査で、治る見込みがない時に「延命治療を望まない」と答えた高齢者は九割超いた。ところが、その時にどんな治療を受けたいか家族と話し合ったことがあるかを尋ねた別の調査で、「詳しく話し合っている」と答えたのは二・八%にとどまった。現場で取材すると、これは本人が望んだことだったのだろうか、と考えてしまう光景をいくつも見た。

一六年七月下旬の夜、東京都内有数の救命救急センターを抱える都立墨東病院（東京都墨田区）に、特別養護老人ホームから八十八歳の男性が救急搬送されてきた。慢性の重い心臓病患者で、救急隊が着いた時にはすでに心肺停止状態だった。このお年寄りを救命救急センターの医師らは蘇生した。心拍が安定するまで心臓マッサージをし、気管挿管して人工呼吸器につなげた。しかし、CTスキャンでも調べたが、意識を取り戻す手がかりはつかめなかった。処置を見守った救命救急センターの浜辺祐一部長はこう漏らした。

「救急車で運ばれたらなにもしないわけにはいかないので、我々は蘇生をします。命はとりとめましたが、回復は期待できません。あちこちに針や管を入れ、苦しませているだけなのではないでしょうか」

一九九〇年代初頭、ここに搬送される患者で最も多かったのは現役世代の五十代で、二十代が次いで多かった。それが今では七十代が最多になっている。一四年の全国の救急搬送人員（五百四十万人）でも七十五歳以上が約四割を占める。この日、センターの集中治療室に入院中だった患者二十一人のうち七人が七十五歳以上だった。

浜辺部長はこう疑問を呈する。

「ほとんど天寿を全うしたと思える人も増えています。最期を穏やかに全うさせる『終末期医療』と、突発、不測の病気やけがから命を救う『救急医療』ではベクトルが違うのではないでしょうか」

墨東病院のような重篤な急患を受け入れる三次救急病院の治療費は高額だ。入院料は一日十数万円かかる。人工呼吸器や心臓マッサージが加わるとさらに数万円が加算される。長期入院となれば、一カ月で三百万円以上になるのが普通だ。これに対しては、多額の医療費がかかる時に患者負担を軽減する「高額療養費制度」があり、自己負担には上限がある。七十歳以上で低所得の場合であれば、月一万五千円で済む。残りは保険料や税金でまかなわれる。

回復見込めないまま続く「治療」

この制度は、思わぬ事故や病気で入院した人にとってはありがたい制度だ。

しかし、脳梗塞後のけいれん発作で母（83）が特別養護老人ホームから救急搬送されて三年が経つさいたま市の派遣社員、中村祐子さん（54）は悩む。

「本人や家族も望んでいない延命治療のために社会に負担を強いているのではないか」

母の目は開くものの意識は定かではない。栄養補給のために鼻から入れた管を抜けないまま入院が続いている。医師に「回復は見込めない」とも言われている。月の医療費は約十四万円かかっているが、重度の障害があるため自己負担はない。

母は「日本尊厳死協会」に登録し、延命を望まないと説明していた。家族も意思を尊重して担当医に伝えたが、「いったん入れた管は抜くわけにはいかない」と拒まれた。

本人も家族も望んでいない延命を中止するためだとしても、医師の判断で管を抜いたことで亡くなると、場合によっては医師が殺人罪などに問われることがあるためだ。

中村さんは、こう話す。

「本人の意思に沿う最期を迎えることができない事態になるとは思っていませんでした。本人や家族の同意があれば、治らないことがわかった時点からでもなんとかならないものでしょうか」

東京都世田谷区の特別養護老人ホーム「芦花ホーム」の常勤医で、『「平穏死」のすすめ』などの著作がある石飛幸三氏はこう話す。

「患者本人や家族、医師はこれまで病気を治すことばかり考え、いつか必ず迎える最期について向き合ってきませんでした。そのため、本人が望まないような最期、終末期医療も起きてしまうのが現実です」

一方、中には年金目当てで家族の延命を選んだのではないかと疑われるケースもある。茨城県のある診療所に一六年二月、六十代の夫婦が九十代の女性と一緒に訪れた。女性は認知症で、自分の名前もわからない状態だった。

「母がご飯を食べなくなった。お金はかけられないが、それでも長生きさせたい」

対応した医師（59）にその息子は「母が死んだら自己破産しなければいけない」とこぼした。母親には毎月二十万円近い年金があり、借金のある夫婦はそれに頼った暮らしをして追い詰められていた。医師が、胃に穴を開けて、管で流動食を入れる「胃ろう」という方法を伝えると、息子は即答したという。

「やってほしい」

医師は母親が家に戻ってから定期的に訪問している。しかし、家族が対応に出てこないこともしばしばだ。家族は、ケアマネジャーが介護生活の方針を決めるために開く会議にも姿を見せない。

この医師は疑問に思う。

「本当に、母親のことを案じていまの生活をしているのでしょうか。体が食事を受け付けなくなっているのに、延命のためだけに胃ろうを続けることは母親本人のためにはならないのですが……」

浜松医科大学の大磯義一郎教授（医療法学）は、こう話す。

「日本では、高額療養費制度で医療費の自己負担割合が抑えられているので、医療費がかかる治療も比較的抵抗なく受けられます。でも、制度があることで経済的な負担を考えずに延命することが可能になり、結果的に家族を支える特殊な構図も出てきます。対照的に、自己負担が大きい米国では、家族に迷惑をかけないよう若いうちから延命措置を拒否する意思表示を事前にしておくことが一般的です」

後期高齢者医療制度の半分は税金、四割は現役世代からの支援金という税金のような負担金で、高齢者自身の保険料は一割しか入っていない。介護費も半分は税金で、四十歳以上の現役が約三割を支えている。必要な治療や介護を惜しむのは問題だが、本人が望まない治療や介護をなくすだけで大きな改善が期待できる。

「胃ろうをひっこぬいてください」

自分の意思で、胃ろうに頼る生活から抜け出す人もいる。

鹿児島市の盛泰寛さん(71)は一六年四月、市内の「成人病院」の小斉平智久副院長に筆談で訴えた。

「イロウ(胃ろう)のパイプをひっこぬいてください」

盛さんは一五年三月に脳梗塞で倒れて胃ろうをつけた。もとは胃ろうを拒んでいたが在宅治療に戻るため、医師の説得を受け入れた。一六年二月に再入院したが、訓練を続けてかなりの流動食もとれるようになった。ただ、こうした場合でも胃ろうを続けることが一般的だ。盛さんは小斉平さんの支援で食べる訓練を続け、五月には胃ろうを外して自宅に戻ることができた。

小斉平さんはこう話す。

「医者の都合ではなくて、本人にとって何が正解なのかを考えました」

東京都東久留米市の特別養護老人ホーム「マザアス」は入所時に終末期医療について、入所者や家族と話し合って「意思確認書」を作る。大切なのは、病状が悪化した時、救急搬送や延命措置を受けるのかどうかの確認だ。その後も半年ごとに内容を更新する。入所者の大半が救急車を呼ばず、施設で最期を迎えることを望むという。

マザアスの矢島美由紀介護課長は、こう話す。

「判断できるうちから『最期』を迎える準備をすることが重要です。ままあるのは、こうした議論には参加せず、臨終が近いと聞いて、初めてやってくる親族が延命を主張することです。そうした親族がひっくり返そうとしても、本人の意思が明確なら動きません」

ボランティアに期待して「要支援切り」

本人の意思確認ができないまま、漫然と続く終末期医療がある一方で、制度が始まって二十年もたっていない介護保険では、保険の対象を見直して、住民のボランティアという「善意」に期待する動きがでている。

要介護になる前の人を支える「要支援」のサービスの一部を、二〇一七年度に向けて、全国一律の介護保険サービスから市町村独自の「地域支援事業」に移行する動きが進んでいる。といっても、介護保険はこれまでも市町村が運営してきた。変わるのは、国が全国一律に決めたサービス提供などの基準を使わず、市町村が独自に決めることだ。大きな柱は、支援を必要とする高齢者を、ヘルパーなどの専門職ではない地域住民が支える態勢づくりとされる。地域の実情に応じた取り組みができるというが、実際は介護にかかる費用を抑えることを期待している。介護費用の主なものは人件費だからだ。

背景には、介護保険財政の急激な悪化がある。制度が始まった〇〇年の保険料は全国平均で月額三千円足らずだった。支払われた介護費用は三・六兆円で、利用者の負担があるが、その残りの半分を保険料、半分を税金でまかなう仕組みになっている。その保険料が一六年度には五千五百十四円に上がり、介護費用は十・四兆円まで膨らんだ。保険料は二五年度には八千円を超えるという。それにともなって、税金の投入も増える。介護保険は自治体が運営しているので、住民参加が進めばこの負担増を少しは抑えることができる。そのための準備が整った自治体から、順次移行している。

住民参加は進んでいるのか。朝日新聞は、一六年七月、全国一千六百弱の自治体と地域連合のうち、一五年四月にいち早く取り組みを始めた七十八自治体・団体（二地域連合を含む）に聞いた。すると、住民主体の事業に実際に着手していたのは二十六団体と、三三％にとどまっていた。

ボランティアも高齢化

具体例で、その実態を見ていこう。

一六年夏、鳥取県日南町湯河地区の集会所に九人が集まった。要介護度が低い「要支援」のお年寄り二人も参加する。毎週火曜日の午前中に体操したり、おしゃべりしたりする。その様子を見守る元看護師の榎尾光子さん（64）はボランティアの地区代表だ。介護保険制度の見直しで、一五年四月に始まった町の「住民主体の地域支援事業」の受け皿だ。町から運営補助も受ける。

町の病院を一五年に退職した榎尾さんの肩書は「婦人部長」「支え合い部長」「認知症地域支援推進員」……。そして町の介護サービス運営を引き受ける立場にもなった。

日南町では、三十三の自治会のうち二十二で事業の受け皿となる住民の会ができた。主力は七十代だ。町の担当者は「今は順調ですが、今後、負担は大きくなります。いつまで続けられるでしょうか」と、不安も口にする。

北海道長沼町の担当者も「地域活動の後継者不足が深刻な地域もある。持続可能なサービスを住民が提供できるか不安だ」と話し、住民主体のサービスは実施しない方針だ。

そんな中でも、一歩先を行く町がある。長崎県佐々町だ。地域支援事業の一部を、一七年四月にも「住民の自立運営方式」に移したい考えだ。ボランティアが担い手となる「はつらつ塾」は、町の福祉センターで週三回開かれ、三十～五十人の高齢者が体操などを行う。要支援者だけでなく、要介護度がより重い「要介護」者も一部加わっている。今は看護師が見守るが、今後は看護師ぬきで、ほぼ住民任せの運営とする方向だ。

もっとも、一〇年に始めてここまでくるのに六年かかった。国が進める事業を先取りする形で介護ボランティアを独自に養成。二一%を超えた要介護認定率は、全国平均を下回り一六年九月で一三・五%になった。同町の六十五歳以上の介護保険料は全国で五十二番目に高かったが、一五年度の改定では二百四十六番目に下がった。

運営責任者の一人、江田佳子保健師(44)は「住民が自分たちで取り組む試みとして町全体に広げたい」という。ただ、ボランティアの一部には不安もあるため慎重に進める考えだ。

ボランティアに「報酬」を出す自治体もある。秋田県小坂町は、研修を受けた住民ボランティアが要支援者宅を訪問し、買い物やゴミ出しを手伝う。ボランティアには三十分当たり二百五十円が支払われる。一方、東京都練馬区では、ボランティア色は薄くなっている。要支援者の家事を支援する住民には時給千円以上が支払われる。そのために必要な区の研修では、五十人の募集枠に子育て世代ら二百三十人が応募した。担当課長は「きちんとした対価を支払えば、若い人も呼び込める」と話した。

「基準緩和」といいながら三割引き

いち早く取り組んだ七十八団体を対象に調べたが、九割以上の七十二団体が、介護業者に任せてこれまで通りのサービスを継続する「現行相当」のサービスから始めていた。人員配置を減らすなど、サービスに求める基準を緩和した「基準緩和型」に五十団体が取り組んでいた。基準緩和とともに介護報酬を下げることができるが、四十一団体が下げていて、七割台への引き下げが二十一団体と最も多かった。

しかし、事業者からは、「採算が取れない」などの声が出ている。

山梨県中央市が一五年四月から始めた要支援者向けサービスの委託料は、介護保険サービスだった時の半額以下に下げられた。市内の「田富荘デイサービスセンター」の渡辺武所長は「まるでボランティアのような価格」と漏らす。仕事量は変わらず、「これ以上の利用者を受け入れるのは難しい」のが本音だ。しかし、市の担当者は「介護制度を持続するためにお願いした」と話す。

ボランティアを活用しながら、事業者の報酬を下げる試みもある。

埼玉県和光市は約五十人の「介護予防サポーター」を育成している。その中心は六十代から七十代で、事業所のデイサービスの利用者の話し相手になったり、一緒に体操をしたりといった補助的な役割を担っている。サポーターには、一回二時間の作業で二百円相当のボランティア・ポイントが付与され、同額のクオカードに交換できる。これにともなって、市は事業者に払う報酬を一割削減した。東内京一・保健福祉部長は、「基本的には訓練を受けたプロがサービスを提供すべきだと考えていますが、今後はサポーターの技術を生かした展開も検討したい」と話す。

自治体の介護現場での経験がある淑徳大学の結城康博教授は、こう指摘する。

「自治会など地域活動の担い手は減っています。この状況の中で十分なボランティアを集めるのは難しい。一部には運営力がある自治体がありますが、多くは何をするべきか戸惑っています。結局、成功するのは一、二割でしょうから、自治体間の介護保険サービスの格差は拡大するでしょう」

公的介護保険に限界「頼りはお金」

一方、政府内では、介護保険サービスのさらなる縮小が課題になっている。元厚労省老健局長で医療介護福祉政策研究フォーラム理事長の中村秀一さんは、こう話す。

「これからの社会保障は対象になる人が増えるので、より必要度が高い人への重点化が避けられません。生活支援のサービスはそもそも介護保険ではカバーされない部分があり、地域の支え合いが求められます。『高福祉・高参加』がこれからの選択肢になります」

国は二〇一六年三月、全額を自己負担で賄う「保険外サービス」のガイドブックをつくった。そこには家事援助や介護旅行、宅配弁当など三十九の民間サービスが紹介されていて、市町村に、地域で提供されているサービスの把握や、住民への情報発信を呼びかけた。介護の世界では、公的保険だけに頼らない「自助」も促されている。

清掃用品のレンタルなどを手がけるダスキンは、介護保険制度が始まった〇〇年に訪問介護事業を始めた。都内の利用料金は最低二時間七千円で、利用者が全額自己負担する。

介護保険サービスに比べて割高だが、「自費サービスの利用は当たり前になりつつある」(ダスキン担当者)という。

世田谷区の秋田清次さん(71)は脳梗塞の後遺症で右の手足にまひがあり、要介護1だ。介護保険を使ったリハビリを利用しながら週に一回、全額自費のリハビリサービスを首都圏で提供するワイズ(東京都中央区、早見泰弘代表)が運営する「脳梗塞リハビリセンター」にも通う。費用は月六万円ほどかかるが、秋田さんは「お金はかかっても、少しでもよくなりたい」と話す。

介護は「互助」「自助」が強調され、地域や個人の負担が増えていく。あるケアマネジャーは介護の将来をこう語る。

「これから頼れるのは自分のお金。それしかない」

訪問診療で「脱総合病院」

年を取れば様々な病気とつきあっていかざるをえない。高齢化に伴い、病院で「治す」医療の限界がみえてきた。財源も限られるなか、地域社会がどう支え合うのか。この課題を解決するヒントは、〇七年に財政破綻して病院の維持が困難になった北海道夕張市にあった。専門医を多数抱えて入院治療もできる総合病院の看板を下ろさざるをえなくなった市立病院は、訪問診療に大きくかじを切った。

夕張市は、六十五歳以上の人口が占める高齢化率が四八％と、全国トップクラスだ。急速な高齢化が進む日本の医療・介護の最前線がそこにあった。

一六年七月上旬の午後。市立診療所長の中村利仁さんは、車で笠嶋一さん（87）と甲子さん（79）夫婦が暮らす老人ホームに着いた。「お酒は毎晩ですが、毎朝、体操と散歩をしています」と一さん。「少し唇が乾いていませんか？　水を多めに飲んで下さい」。中村さんは体調の変化を見逃さないために暮らしぶりも聞き取る。

ホーム施設長の宮前純夫さんは「夕張ですぐ診てもらえる病院が限られるようになったいま、訪問診療はありがたい」と話す。患者の家を訪ねる看護師らは、介護する家族の相談相手にもなっている。「地域や家族と協力し、高齢者が自宅で過ごせる時間を長くしたい」と中村さんは話す。

夕張市が財政破綻した〇七年、ベッド数百七十一床の市立総合病院は、十九床の診療所と、四十床の介護老人保健施設へと縮小された。市が財政破綻する前の病院には長期入院者が多く、診療所関係者は「必要がないのに、『安心』のためだけに薬を処方することもあった」と明かす。

財政破綻とともに表面化した地域医療の崩壊にどう向き合うか。診療所は、病気に限らず患者が抱える生活の問題を総合的に診る「プライマリーケア」という考え方を採り入れ、在宅医療と予防医療の徹底に転換した。多くの病気を抱えることが多い高齢者の多い市民の暮らしを支えるため、毎日の会議で、医師や看護師、ケアマネジャーらが綿密に情報交換するようになった。

例えば、歯科と介護の連携だ。高齢者は口内の細菌が気道に入って肺炎になるケースが多い。このため、肺炎球菌ワクチンで予防をするとともに、歯の手入れも進めた。診療所の歯科医、八田政浩さんの調査では、この予防措置をとった特別養護老人ホームは肺炎の発症が大幅に少なかった。肺炎になると入院して寝たきりになることもある。医療費を「節約」する効果は大きい。

一四年度の夕張市の後期高齢者一人あたりの医療費は約百二万円と、北海道平均（約百九万円）を下回る。高度医療は提供できなくなったが、八田さんは、こう話す。

「患者が病院でただ生かされるのではなく、おいしいものを最後まで元気に食べられるように助けて、生活の質が上がるようにしていきたいと考えています」

自治体病院は赤字を垂れ流している。総務省によると、自治体病院の赤字は全国の総計で約五千億円にのぼる。財政破綻がきっかけとはいえ、市立病院がなくてもかえって生活の質があがるとすれば、学ぶべきところがあるはずだ。

「自立」の動きに議会は反発

プライマリーケアで、病院はますます、地域の連携を進める中心的役割を担うことになる。ただ、実現への道のりは険しい。

北海道松前町は、北前船交易で栄えた城下町だが、過疎化が著しい。

一六年夏、町立松前病院の院長、木村真司さん（51）が辞職して町を去った。

木村さんは過疎地のプライマリーケアの専門家として知られる。〇五年の着任後、心身の不調を幅広く診る「全科診療医」をそろえ、関心を持って集まってくる若手医師を教育する体制もつくった。比較的人件費が低い若手医師が集まったことで、赤字だった病院は〇八年度から黒字化した。

最近は、病院の独立行政法人化を目指した。町や町議会の制約から離れ、人事や予算を弾力的に決めて、医療や介護、リハビリなどを連携させた在宅でのサービスを強化するのが狙いだった。

だが、この方針に町議会が反発した。理由は病院職員が公務員でなくなることだという。伊藤幸司議長は「公務員の身分がなければ職員が集まらない。赤字でもないのに無理しなくていい」と話す。石山英雄町長も「職員や議会の理解を得るには丁寧な説明が必要だ」と、町議会に歩調を合わせた。

木村さんは「町の将来のためにやってきたが、理解されなかった」と残念がる。若手医師も一緒に辞職することを決め、七人だった常勤医は一時、四人に減った。辞めた医師の一人の青木信也さん(36)は「住民はただ薬を出してくれる医師がいればいいのだろうか、と意識のズレも感じた」と話した。

滞納を減らした岡山市の取り組みとは

本書の第二章では、横浜市などの例で自治体や国などの当局が、税金の滞納に厳しい姿勢で臨む姿を批判的に伝えた。これに対し、苦しくてもきちんと税金を払っている人は多いのだから、厳しく徴収するのは当然のことだと考えた読者も多いことだろう。

しかし、取り立てを厳しくすればうまく運ぶわけでもない。一四年度の徴収率が九九・

一％と、政令指定都市で三年連続トップになった名古屋市は、人口あたり差し押さえ件数が横浜市の三分の二にとどまる。大企業の本社が多い名古屋市は企業から効率的に徴税できる利点があるとはいえ、横浜市も含めて多くの自治体が年一回まとめて送る税の納付書を、年四回の期限ごとに分けて、その都度送っていることも効果をあげているという。

自治体によって「徴税姿勢」はずいぶんと違う。一三年度の実績で、政令指定都市の人口あたりの差し押さえ件数を比べると、最多の岡山市と最少の神奈川県相模原市では七倍以上の開きがあった。

ところが、岡山市は、一四年度、一五年度と差し押さえ件数を激減させた。同市によると、差し押さえの大多数を占めた「預貯金」は、確実に回収ができるが、少額のことが多い。事務負担が大きいわりに徴収率のアップに必ずしも結びつかないと判断し、より大口の回収を優先することにしたという。

市の担当者は、こう話す。

「今も給料や売掛金の差し押さえを躊躇はしませんが、滞納額を分けて払う分納をすると申し出るなど、市民に払う意思があるうちに突然差し押さえるようなことはしません」

一二年度末の地方税の滞納残高は約一・七兆円。実は、リーマン・ショック後、徴収率は全国的に改善しており、厳しく徴収をする横浜市と他の大都市、全市町村とで改善のペースはあまり変わらない。短期的な徴収実績を重視するか、長い目でみた住民や企業の「税を担う力」を重視するかでも徴収の姿勢は変わってくる。

「滞納はSOS」救済の手を

厳しい徴収の是非を考えるのに、琵琶湖の南に位置する滋賀県野洲市（人口約五万人）の取り組みは参考になるかもしれない。

「ようこそ滞納いただきました」

野洲市の山仲善彰市長はこのように公言してはばからない。その真意はこうだ。

「税金を払いたくても払えない人こそ、行政が手を差しのべるべき人です。滞納は困っていることを知らせる貴重なSOSです。まずは就労支援など、生活を立て直す手伝いをしながら納税を促していきます。遠回りに見えるかもしれませんが、実は、そのほうが効率的で市のコストも少なくすみます。行政が気に入らないから払わない、などという市民はごくまれで、大半は病気やリストラ、離婚などがきっかけでつまずいた人たちだからです」

滞納者は住民税や固定資産税だけでなく、国民健康保険税や介護保険料なども納めていないことが多い。野洲市では、滞納者とやり取りするそれぞれの課が、その市民の生活が行き詰まっていると感じたら、市民生活相談課に案内するようにしている。

市役所の正面入り口近くにある市民生活相談課では、九人の職員がさまざまな境遇の市民に対応する。

「もう死にたい」

一〇年、この課にやってきた元タクシー運転手の男性（72）は何度も繰り返した。

「死んでいる場合じゃありません。まだ、やれることはあります」

職員は個室に招き入れ、詳しく話を聞いた。

公営住宅で一人暮らしをしていた男性は、知人の保証人となって二百万円を超す借金を肩代わりした。自身の年金を担保に融資を受けて全額を返したものの、月額十六万円近くあった年金の半額は、融資の返済が終わるまで天引きされた。約七十万円の別の借金もあり、生活が行き詰まった。介護保険料や水道代、月約二万円の家賃も払えなくなり、公営住宅から退去を迫られていた。

「どこから手を付けたらいいか、わからなかった」と男性は当時を振り返る。

相談を受けた職員は、年金が全額もらえるまで、すべての滞納分を徴収しないことを市の各課に提案した。男性には生活費を管理するサービスを受けるよう社会福祉協議会の支援員から助言し、貸金業者と交渉する司法書士も紹介した。

司法書士が調べると消費者金融に約四百万円の過払い金があるとわかった。相談から約一年後、過払い金を滞納分の支払いにあて、男性は借金を完済できた。その後、納税も再開できた。

野洲市の一三年度の徴収率は九六・九％で、全市町村平均の九四・九％を上回っている。しかし、納税推進課の長尾健治課長は「徴収率ありきで困っている人の生活を壊してまで取り立てたりはしません」と話す。

野洲市では、税に関して得た個人情報は市民の同意を得たうえで福祉部門などと共有する。地方税法は、自治体が得た税情報を勝手にほかの目的に使うことを禁じているためだ。徴税部門と福祉部門が互いに情報を突き合わせれば、意図的な滞納か、本当に困っているか把握しやすくなるという。山仲市長は「情報を共有しやすくする法改正が必要ではないか」と提案している。

首都大学東京の岡部卓教授も、こう指摘している。

「過酷な税の徴収は滞納者の事業や生活、健康に大きなダメージを与えて立ち直るのを困難にします。それは、生活保護が必要以上に増えるなどして、逆に、より多くの税を使う結果になるでしょう。どうしたらトータルコストが大きくならないかを考えるべきです」

新手法で広がる寄付

高齢化社会を支える財源は税金や保険料に限られたものではない。インターネットで変わる流通やメディアは、「善意」を気軽に届けやすく、身近にしている。寄付の形も変化していて、ビジネスとつながることで急速に拡大している例もある。

税制面では東日本大震災が起きた二〇一一年に寄付優遇税制ができた。一定の要件を満たす団体向けの寄付なら、最大で寄付額の半分近くが所得税や住民税から減税される。日本でも今後、社会を支える財源の一つに育っていく可能性があるのではないか。

ネットで古書を売買する「バリューブックス」（長野県上田市）は、上田市内三カ所の倉庫に二百万冊近い在庫を持っている。市内の高校出身の中村大樹社長（33）が東京の大学を出た後、二十四歳で設立した。現在は約二十人の社員のほか、倉庫で仕分け作業に従事するアルバイトが三百人近くいる。直近の年間売上高は十六億円。順調に売り上げを伸ばすことに貢献しているのが、古本を買い取った際の買い取り価格を、そのままＮＰＯ法人や自治体に寄付してもらう仕組みの「チャリボン」だ。

通常の取引は、本やＤＶＤを査定し、買い取り額を提供者の口座に振り込む。チャリボンでは提携するＮＰＯなどをサイトで紹介している。その中から寄付したい団体を申込時に決めてもらう。バリュー社は査定額を決めた後、提供者が指定した団体にお金を振り込む。

出品は原則五点からできる。電話かサイト上で本の買い取りを頼むと宅配業者が本を取りに来てくれる。提供者は送料もいらず不要な本を引き取ってもらえ、寄付もできる。この仕組みは一〇年に導入した。若者の就労支援に取り組むＮＰＯ法人「育て上げネット」（東京都立川市）の工藤啓理事長（39）との話し合いからアイデアが生まれた。

工藤さんは、チャリボンがうまく回っている理由をこう説明する。

「育て上げネットにはチャリボンで、これまで八百万円超の寄付がありました。本の仕入れを増やしたい企業と、処分したい利用者を寄付でつなぐ。我々は活動資金が増えるから、この仕組みを宣伝する。三方よしです」

チャリボンの仕組みが画期的なのは、参加者が増えれば増えるほど本業の売り上げ増につながることだ。さらに、自ら進んで告知しなくとも活動資金ほしさにNPO側が熱心にPRしてくれる。中村社長はこう話す。

「みんなでチャリボンの仕組みをシェアすることで、お客さんが寄付する行為を手伝うことができます。僕らの本業のパイも大きくなります。これならウチのような小さい会社でも長く続けられます」

現在は約九十のNPO法人以外に、東京大学をはじめ五十五の大学と六つの自治体がチャリボンに参加して寄付を呼びかけている。岩手県陸前高田市は、集まったお金を津波で全壊した図書館の再建費に充てる。法政大学は家計の苦しい学生の奨学金に役立てている。全体でのべ十万人以上が一千百五十万冊を提供し、二億四千万円強の寄付をした。バリュー社の年間売上高の約二割がチャリボンから得た本によるものという。

企業巻き込む寄付つき商品

福祉業界の側から、社会課題の解決に企業を巻き込む動きも出ている。主なツールとなっているのが「寄付つき商品」だ。商品の売上高の一部をNPO法人などに寄付することをうたって販売する。客は納得できる価格で商品を買うことを通じて、負担感なしに寄付ができる。

中央共同募金会によると、四十七都道府県の共同募金会のうち、約二十が「募金百貨店プロジェクト」などと銘打って、企業と一緒に商品を企画、開発している。一二年に最初に始めたのが山口県共同募金会だ。当時、県の社会福祉協議会から出向していた久津摩《くづま》和弘さん（36）が考案した。

欧米にはＮＰＯや大学など、非営利団体の多くに「ファンドレイザー」と呼ばれる資金調達の専門家がいる。対照的に日本では、非営利団体は国や自治体の補助金などに頼りがち。資金調達するノウハウに乏しく、企業との連携を避けがちだと感じていた。一方、企業の側は社会に役立ちたい思いはあっても現場には疎く、どう貢献したらいいか悩むケースも多い。両者を寄付つき商品で結びつけられないか。久津摩さんはそう考えた。

最初に提案に応じたのが山口市内の仕出し弁当屋「かとう」だった。客が「赤い羽根弁当」を注文すれば、一個につき十円をかとうが赤い羽根に寄付する。坂井孝部長（40）は、こんなふうにふりかえる。

「当時の会社は赤字続きで存続の危機にありました。久津摩さんの提案を聞いて、新規投資がゼロで会社のPRになるならやってみようかと思いました」

一二年春に売り出すとメディアで取り上げられ、官公庁や地元の福祉施設がまとめ買いをしてくれるようになった。かとうはこの年度から赤字を脱したという。寄付額は年に十万円ほど。坂井部長は「ほんのわずかでも我々のような中小企業が地域に貢献できるのはありがたい」と話している。

山口県下松市のショッピングセンター「ザ・モール周南」でも、八百屋や鮮魚店、肉屋といったテナントが「揚げ物の売り上げ一%」などと、一部を寄付つき商品として売る。山口県で募金百貨店プロジェクトに参加する企業は百五社に達した。発案者の久津摩さんは独立して、子どもの貧困などの社会課題に、よりダイレクトに企業の参画を促す仕組みづくりに取り組んでいる。久津摩さんは、こう話す。

「福祉に携わる人間は、国や自治体に予算がないからと取り組みたい事業をあきらめてはいけません。企業を巻き込んで必要なお金を調達する姿勢が求められているのです」

貧困連鎖を断つ学習支援に寄付を

経済的に厳しい家庭の子どもの学習を支援する人たちもいる。〇七年にできたNPO法人「キッズドア」（東京都中央区）もその一つだ。

「じゃあ今日は英語でゲームやりまーす」

毎週木曜日、午後六時半になると、東京都内のビルに中学生とボランティア二十人ほどが集まってくる。一回二時間、無償で英語を教える。キッズドアでは、行政からの委託事業を含め、約五百人の子どもたちの学習を支援している。

この活動を支える収入の柱の一つが年間四千万円の個人・法人からの寄付だ。キッズドアは、企業に学習支援への協力を呼びかけるときに、こう訴える。

「大卒で正社員になれば生涯で三千十万円の納税が可能になる」

「子どもの貧困」が注目され始めたこともあって寄付は増えてきたが、渡辺由美子理事長は「寄付で社会問題を解決しようという人はまだ少ない」と話す。

認定NPOなどへの寄付額に応じ、納めた税金が戻ってくる制度もある。

東京都の会社員大久保綾さん（33）は教育支援の公益社団法人「チャンス・フォー・チルドレン」（兵庫県西宮市）に毎月五千円を寄付している。「寄付ならば、自分が必要だと思う分野に間接的にでも税金が使われる」と感じている。年六万円の寄付総額から二千円を引いた額の四〇％にあたる二万三千二百円が納めた税金から戻ってくる。

社会貢献、小学生に授業

社会の課題解決に資金を呼び込むには、若いうちから社会貢献を身近に感じてもらうことも重要だ。NPO法人日本ファンドレイジング協会（東京都港区）は二〇一〇年から、「寄付の教室」を開いている。

一六年八月初旬の夏休み。育児支援を手がけるNPO法人フローレンス（東京都千代田区）であった授業には、小学生の男女十一人が参加。同法人が取り組む「病児保育」「小規模保育」「障害児保育」のなかから、どのプロジェクトを応援したいか。それぞれの担当者の説明を聞き、寄付先をひとつ選んだ。

実際にお金を出すわけではないが、寄付がどう社会と結びついているかを知り、自ら寄付先を考える習慣をつけてもらう狙いだ。寄付の教室はこれまで、小学校から大学まで全国で百十回以上開いた。「ゆくゆくはすべての小中高校で実現したい」（担当者）という。

協会の推計では、一四年に日本人の個人の寄付総額は七千四百億円に達した。ただ名目GDP比では〇・二％にしかならない。米国の一・五％（二十七・三兆円）や英国の〇・六％（一・八兆円）に見劣りする。代表の鵜尾雅隆さんは「応援したい活動を自ら選び、その結果感謝され、達成感が得られるという原体験を通して、寄付のイメージを前向きなものに変えたい」と話している。

ふるさと納税でゆがむ「寄付」の理念

寄付をする側、される側双方が、その使い道や成果に敏感になる。個人や企業、NPOらが協働して課題を解決するスキルを磨く。そのことは同時に、行政の無駄をチェックする力を強め、税の使い道や再分配のあり方を問い直すことにもつながるはずだ。

ところが、日本で急に拡大している寄付の「ふるさと納税」は、第一章（42ページ）でふれたように、寄付先の使い道というより返礼品につられて集まる。それは、小さな自治体の経済をゆがめる可能性がある。

一六年三月下旬、高知県奈半利《なはり》町を訪ねた。太平洋に面する人口約三千人の穏やかな街は、「ふるさと納税」の返礼品づくりで活気にあふれていた。

鮮魚の仲買を営む松村幾男さん（66）は、地元で水揚げされた魚を高めの値段で一手に買い付ける。すぐに四、五人で「鮮魚セット」に箱詰めし、全国に発送する。返礼品はすべて町が買い上げる。松村さんは「注文がバンバン来て、人手が足りない」と話す。

奈半利町は、ＰＲした鮮魚や肉などが全国で人気を集め、一五年度は約十三億五千万円の寄付を集めた。町の年間予算のほぼ半額だ。町内のコメも市場の二倍超の値段で買い上げ、返礼品の購入に約八億六千万円を使った。豊かになった財源を生かし、農産物の加工販売所なども建てた。地元の農水産物はふるさと納税を通じた販売に主眼が置かれ、かつての販路に流す商品は大きく減った。

「届いた魚が小さい。大きな魚を送り直せ」

「食べたが期待外れ。返金しろ」

町役場にはそんなクレームの電話がかかってくることも多い。町の寄付金の使い道に対する批判ならわかるが、返礼品は感謝の気持ちでしかない。それが「目的」になっている現実がある。「ふるさとや好きな町を応援する」という本来の理念は損なわれつつある。

地域振興課の柏木雄太主幹（37）は、いまの活況を手放しでは喜べない。

「いつまでもふるさと納税の制度が続くわけではない。早く、ふるさと納税に頼らずに地元産品を全国に販売する仕組みを考えたい」

同じ高知県の山間部にある大豊町は、かつては二万人を超えた人口がいまでは約四千人に減り、うち半数超が六十五歳以上と高齢化が進む。日用品の宅配や福祉タクシーの運営など、高齢者向けのサービスを続けるには財源が必要だ。ふるさと納税を呼びかけたが、一五年度の寄付額は約二百五十万円にとどまった。川下り体験のサービス券を返礼品としたが、四国山地の山間部で首都圏からのアクセスが悪いこともあって、寄付者の関心を集めることはできなかった。岩崎憲郎町長は「地方の活性化に逆転ホームランはない。バントヒットで地道にやるしかない」と話した。

同様に、ささやかな返礼にこだわってきた北海道ニセコ町の片山健也町長は「税は神聖なもの」と語る。

「職員は税金を滞納したお宅を訪ねて頭を下げ、千円でも払ってもらうような取り組みを続けてきました。ところが、自治体が貧しい人からは徹底して税金をとる一方で、豊かな人にはふるさと納税で減税をして返礼品を贈る。そう受け取られれば税に対する信頼が揺らいでしまいます」

ベーシックインカム、あり？

世界では格差の拡大を背景に、新たな「富の再分配」の模索が始まっている。その一つに、雇用の状況にかかわらず、政府が全国民に最低限必要なお金を配る「ベーシックインカム（ＢＩ）」という考え方がある。究極的には、年金や生活保護など既存の社会保障すべてを置き換える。

背景にはグローバル化や人工知能などの技術革新によって賃金労働が失われ、社会保障が機能しなくなるとの危機感がある。カナダ・オンタリオ州やフィンランド、オランダではＢＩ導入実験が検討されている。

韓国で実験「悲しいことに満足度高い」

韓国の若年層（十五～二十九歳）の失業率は約一割にのぼり社会問題化している。韓国の若者の労働に詳しく、政府の最低賃金委員会の委員でもある非正規労働センターのイ・ナムシン所長は韓国の若者が多く就く非正規労働の実態を、次のように解説した。

「政府統計で非正規労働者は六百三十万人とされていますが、実際には一千万人いると試算しています。例えば、大手企業の仕事を下請けする会社の正社員といいながら、実際は元請け企業に指示された仕事をする派遣労働者です。韓国の賃金労働者は二千万人と言われるので、半分は非正規労働者です。非正規職の賃金は正規職の半分です。未来に希望が持てないので、青年の死亡原因の一位は自殺です」

韓国ソウル市のマクドナルドでアルバイトをする女子学生（21）は、午後六時から午前二時まで働いて月に八十万～九十万ウォン（八万～九万円）を得る。昼間のアルバイトでは最低賃金しかもらえない。深夜の仕事は酔っ払いにからまれるのがいやだが、時給が一・五倍となる午後十時以降に働いて、ようやく今の収入がある。地方出身で月三十万ウォンの家賃を払う。今は学費をためるために休学中だ。

苦労して大学を出ても将来に希望が持てないと、こう話す。

「大学を出ても非正規職にしか就けない。卒業後にどんな仕事をしたいかというレベルではなくて、どうやって食べていくかという心配しかありません。いまも自炊をしていますが、何カ月も缶詰のようなものばかりで、肉や野菜を買っていません」

そんな彼女が「少しでもあったらアルバイト以外に時間を使える」と注目するのが、ソウル市の南にある城南《ソンナム》市が一六年から始めた「青年配当」の制度だ。

二十四歳の市民に無条件で年間五十万ウォン相当の地域商品券を配る。BIの発想で始めた。当初は百万ウォンを十九～二十四歳に配ろうとしたが、政府の反対で縮小を余儀なくされた。韓国大統領選への出馬を表明し、過激な反日発言でも知られる同市の李在明《イジエミョン》市長は、こう話す。

「部分的なBIと考えてください。全面的に導入するには税制面でも、政策面でも深刻な課題があります。そこで、城南市がモデルとして、『味見』をする感覚で始めたわけです。一般的には大きな助けにならない金額ですが、満足度は高いというアンケート結果があります。（それだけ若者の生活が厳しいという）大変に悲しい話でもあります」

韓国では、国策としてIT化による経済の合理化を強く推し進めてきた。その結果、便利になったことは確かだが、競争も激しくなっている。

ソウル市の夜の飲食店街。スマホの画面を見つめる人たちがいた。次々に表示される「注文」を検討するマイカー代行運転手だ。マイカー通勤が多い韓国では、仕事をした後に酒を飲むことも多いため、運転代行業が欠かせない。運転手には、リストラされた人たちが多いとされ、ソウルに十万人いるとも言われる。

その注文を受けるのに欠かせないのがスマホなのだ。運転手は会社に所属して注文を待つのではなく、配信業者に会員登録をして、スマホで配信される注文の情報を頼りに仕事を探す。勤め先の倒産で転身した男性（42）は「夕方から朝まで働いて手元に残るのは月二百万ウォン。生活が不安定なので結婚もできない」と話した。

運転手で作る韓国代理運転協同組合のイ・サング事務局長は「配信サービスで参入が簡

単になって運賃はタクシーより安くなった」と話す。

韓国では、日本以上にリストラや非正規雇用など、労働環境の悪化は深刻化している。李在明市長はBIの必要性をこう説く。

「グローバル化で市場は広がったが、多くの力がない人々は無限競争で疲弊している。ところが、従来型の福祉は、その必要があるかどうかをチェックします。働いて賃金を得たら、福祉が減る可能性があります。BIではこうした管理が必要なくなり、費用が浮くとともに個人がいろいろな可能性にチャレンジできるようになります」

カナダ西岸のバンクーバーに住むアン・リビングストンさん（61）は、従来型の福祉の枠の中で窮屈な思いをしている。

同市中心部にある最貧困地域のダウンタウン・イーストサイドで、住民による青空市の世話人をボランティアで務めてきた。リビングストンさんは生活保護を受けているが、「働ける」と認定された。行政側は一五年冬、「就労計画を履行せず」として生活保護を打ち切った。ボランティアも労働と考えるリビングストンさんは不服を申し立てて撤回させたが、いつとめられるかわからない。

生活保護が税を財源とする以上、本当に困っているのかは問わざるをえない。受給者は所得や資産を厳しくチェックされる。働けるなら賃金労働に就くことが求められ、行政にとってボランティアは、「ぜいたく」となる。リビングストンさんは、生活保護の代替案としてBIの実施を求めている。

国民投票、予想上回る賛成

BI導入の現実味を示したのが人口約八百万人のスイスだ。BI推進派が十二万六千人の有効署名を集めて二〇一六年六月、導入の是非を問う国民投票が行われた。

投票日の午後、北部の都市バーゼルに推進派が設けた集会所は高揚感に包まれた。

「バーゼル都市州、三六％が賛成！」

開票速報が流れるたび歓声があがった。スイス全土で賛成は二三・一％にとどまり、BI導入は否決された。それでも予想を上回る得票だったのだ。

ドイツのドラッグストア大手「デーエム」創業者でBI推進派の主柱、ゲッツ・ウェルナーさん（72）も満足した表情で、こう語った。

「BIは発想の転換で、地動説のように受け入れるには時間がかかる。今回は第一歩だ」

反対票を入れたクリストフ・マーリンさん（72）は、「いまもヨーロッパには、アフリカや中東から移民が来ている。もしＢＩを実施した場合、ヨーロッパ中からスイスに人が押し寄せてしまう」と話した。子育て中のドミニク・ギスラーさん（36）もＢＩには反対だが、「まだアイデアは非現実的ですが、これを機に、格差についてもっと話し合わなければいけない」と考えて賛成票を投じた。

スイス政府の試算では、推進派が目安とした月二千五百スイスフラン（約二十六万円）を支給すると大増税が必要だ。ＧＤＰ（国内総生産）の約三五％もの財源が要る。財政負担を考えれば導入は困難だ。それでも実現しようとすれば「移民の制限や移民への支給制限は必須」との考えが生まれる。生活保護の欠点を克服するはずのＢＩも「選別」と無縁ではなくなる。

日本では、大阪市長だった橋下徹氏が一二年、大阪維新の会の公約集に「ベーシックインカム的な考え方を導入」と盛り込んで注目された。日本銀行審議委員の原田泰氏はＢＩ導入を訴えた著書で、税制や社会保障を見直せば年間約百兆円規模のＢＩが可能と指摘した。だが、国の税収の二倍の予算を使うこの案でも給付は一人月七万円で、生活保護の一般的な給付水準を下回る。

現役世代が高齢社会の負担に押しつぶされないためには、見直すものは見直さないと、これまでの制度の延長で考えていると行き詰まる。そのためには、ＢＩのような奇想天外に思われる仕組みからいまの制度を考える意味は大きいだろう。

「抜け道はいくらでもある」でいいのか

税と社会保障には本来、収入が多い人から集めて貧しい人を支えるために使う「再分配機能」が期待されている。しかし、日本はそれが十分に機能していない。税と社会保障によって貧困率をどのくらい改善できているのかを調べた経済協力開発機構（ＯＥＣＤ）の対日審査報告書（二〇一三年版）をみると、それが顕著に分かる。再分配がおこなわれる前と後で貧困率を比較すると、勤労者世帯や子どものいる世帯の貧困率が、再分配の後に却って高くなる逆転現象が、ＯＥＣＤの中で日本でだけ起きているのだ。また、日本の働くひとり親世帯の貧困率は、ＯＥＣＤ三十四カ国（一六年度に三十五カ国）で最悪だ。

この原因について、東京大学の大沢真理教授（社会政策）は、日本の税制に「配偶者控除」など課税対象の所得を減らす「控除」が多用されているためと指摘している。

「所得控除は、高い所得税率が適用される富裕層ほど大きく減税される制度なので、低所得層には恩恵が少なく、再分配としては非効率な手段です。特定の企業や業界への税制優遇も多い上に、税に詳しい企業や富裕層にとっては抜け道もいくらでもあります。政治家にとって控除などの減税は印象がよく、予算ほど財務省に厳しく査定もされません」

国が税金を集めるのは、弱い立場の人を支えるためで、強い立場の人や企業をさらに強くする結果になっては意味がない。ところが、税制はわかりづらい面があり、制度をよく知る政治家や官僚、業界が内輪で話し合って決めやすくできている。

税理士でもある、キヤノングローバル戦略研究所の柏木恵主任研究員は、こう話す。

「納税者の側に、税金を言われるがまま払っていれば、何かあったときに国が助けてくれる。そんな意識が根強くあるように感じます。納税者の関心が薄いため、政府や与党も厳しい財政事情などについて説明を尽くそうとしなくなり、ますます納税者は関心を持たなくなる。そんな悪循環に陥ってしまっています」

まずは、国民が税制に関心を持って、国が再分配の役割を果たしているかに敏感にならなければいけない。大学教授や弁護士らが税のあり方を考える「民間税調」の座長の三木義一青山学院大学長も、納税者に期待する。

「気になるのは、富裕層や大企業が節税にいそしむ姿に対し、庶民から反発の声が上がらないことです。英国ではコーヒーチェーンのスターバックスが同国にほとんど法人税を納めていなかったことが発覚し、デモまで起きました。富める人や企業に税逃れを許していないか。納めた税金の恩恵が実感できる社会になっているか。特定の業界の要望に応える不公正な税制を政治が温存していないか。納税者はこうしたことに目を光らせ、もっと声を上げるべきです」

そして、政治家は、現在の負担を和らげるために将来にツケを回す政策の誘惑を断ち切る必要がある。すでにある老人地獄は、若い人が多くて目先の負担が少なく見えた高度成長期に、老人医療費を無料にするなど、給付と負担のバランスを考えなかったツケといえる。若い人が多かった時に税金や保険料の負担をして蓄えがあれば、少子化で現役世代が減っても財源に困ることはなかったためだ。同じことを繰り返さないため、民主党政権時代に「政府・与党社会保障改革検討本部」の事務局長などを務め、「社会保障と税の一体改革」を進めた元参院議員の峰崎直樹氏は、増税を説く。近い将来、いま以上に厳しくなることが避けられないためだ。

「いまは、医療・介護や子育て、教育を充実させるために増税を、と訴える政党が必要です。負担増が遅れると、その分、将来の負担が増えます。十八歳選挙権の時代なので、負担増は若者のためになることを伝えたい。そして、消費税などの負担を増やしたら、社会保障の充実を目に見える形で示す必要があります」

団塊世代が七十五歳を過ぎる二〇二五年問題が意識されて、十年後にはいま以上に厳しくなることがわかっていながら政府が手をこまぬいていると、国民は自分で将来に備えようと消費を抑えることになる。きちんと備えることができた人は難を逃れることができるかもしれないが、格差が大きくなって社会不安が広がってしまう。世界でベーシックインカムに関心が集まるのは、そう考える人が増えているためだろう。国民が納得して将来に備えることができる環境をいかに作れるかが問われている。

あとがき　公平な負担を求めて

本書は、二〇一五年十二月に出版した『ルポ　老人地獄』（文春新書）の、いわば続編である。

『ルポ　老人地獄』のもとになった連載「報われぬ国」は、朝日新聞経済面に一四年一月から一五年三月まで掲載した。その取材現場で私たちが目にしたのは、高齢の低所得者たちが保険や税などの負担に喘ぎ、医療や介護も満足に受けられないという現実だった。少子高齢化で増えていく一方の私たちの負担は報われるのか、報われていないのではないか。そんな問いかけを、連載のタイトルにこめた。

それではなぜ、私たちの負担は報われないのか。税金は、さまざまな公的なサービスや事業の財源となるが、同時に、豊かな人から貧しい人に所得を回す再分配の役割も担っているはずだ。それが機能しなくなっていることこそ、「老人地獄」がうまれている原因ではないか……。「報われぬ国」の連載を終えた直後の一五年四月、新たなチームを作り、取材の準備に入った。

少子高齢化が進む日本では、ある程度の負担増は避けられない。そう頭では分かっていても、今の税金の取られ方に納得がいかない人は多いだろう。そのことを政治家も感じているからこそ、消費増税の先送りが繰り返される。少しでも納得感のある税制にするには、どうすればよいのか。現在の税制のどこにゆがみがあり、公平な負担のあり方を実現するには何を改めればよいのか。それを読者と一緒に考えるのが、新しい企画の目的だった。

一口に税と言っても、その世界は広い。所得税、法人税、相続税、固定資産税、消費税など、それぞれの税が、独自の理屈と歴史と問題を抱えている。そのどれもが複雑で技術的で分かりにくい。そんな税の世界を、面白く、かつ深みのある読み物に仕立てるための舞台と、その舞台裏を語ってくれる人を求め、記者たちは現場を歩き続けた。

そして、驚くべき現実が見えてきた。

八％への増税後に増えている消費税の滞納。住人が地方税を滞納した場合、差し押さえを急ぐ自治体がある一方、救済の手をさしのべる自治体もある現実。税金が安い国に移り住もうという富裕層をターゲットにした「出国税」の導入を前に、日本を脱出した投資家。

再分配どころか、豊かな人がせっせと節税し、貧しい人は負担に苦しむという現実が、目の前にあった。

そんな「税の現場」を追い、朝日新聞経済面で一五年八月から一年間続けた連載「にっぽんの負担」をもとにまとめたのが本書である。

連載は幸いにも読者に歓迎してもらえたが、思わぬ反響もあった。タワーマンションを活用して贈与税をゼロにする巧妙な手口がお金持ちの間で横行していることを紹介したところ、週刊誌で「記事の内容が実質的な『脱税マニュアル』となっている」と指摘された。私たちの狙いはもちろん、節税の推奨や税逃れの助長にあったわけではない。現場で起きている実態をありのままに報じることで、税制のあり方をめぐる問題提起をしたかっただけだ。結果として、政府・与党はタワマンを使った節税に対抗する税制改正を実施することになった。

ふるさと納税をすると、返礼品として金券をくれる千葉県の町を取り上げた際も、ふるさと納税制度の是非などについてたくさんの投書やメールをいただいた。

それぞれの記事に結実するまでの取材は苦労も多かった。特に難しかったのは富裕層への取材だ。彼らにとって、取材に応じるメリットはないからだ。取材の壁にぶつかった時、読者の皆さんの声が、取材陣にとって大きな励みとなった。そして関係者らと粘り強く交渉し、いくつもの困難な取材が実現した。

取材班は経済部の記者五人ほどで構成した。

連載開始時は松浦新、佐藤秀男、高谷秀男、本田靖明、堀内京子。このうち松浦は、直近の企画「報われぬ国」に続く担当で、取材班をまとめるキャップ役を務めた。連載を大幅に書き直して本書をまとめたのも松浦だ。アエラや週刊朝日など雑誌記者の経験が長い佐藤は、納骨堂からゴルフ場まで幅広い税の現場を取材、松浦とともに連載終了まで取材班を支えた。税の取りたてや病院の消費税負担の問題などを取材した高谷、タワーマンションを使った贈与税の節税や、多発する固定資産税の課税ミスなどを担当した本田、教育資金の非課税贈与や三世代同居を促す減税の問題点を指摘した堀内は、それぞれ人事異動などで、連載途中で取材班を離れた。

代わって加わったのが青山直篤、牧内昇平、杉浦幹治の三人。青山は一五年春から財務省の主税局を担当していた。毎年の国の税制改正は予算編成と同じような流れをたどる。夏に各省庁が改正要望を出し、各省庁と財務省、与党の税制調査会が調整を重ね、年末に翌年度の税制改正大綱をまとめる。経済部では毎年、一人の主税局担当記者を置き、この税制改正のプロセスを取材するが、日々の新聞の紙面では、その年の主要な項目の改正の動きを追うのが精いっぱいだ。そこで青山には、財務省主税局のほか総務省自治税務局などを取材した蓄積を企画に生かしてもらった。牧内は、財務省の調査報告書を粘り強く分析し、企業向けの政策減税の合計額が安倍政権になって倍増していることを明らかにした。杉浦は半年間の育休からの復業後に取材班に加わり、ふるさと納税で注目される町や終末期医療の現場を訪ねた。

経済部以外からも、地域報道部の菅沼栄一郎と田中聡子が協力してくれ、地域や住民の負担が増える介護現場の実態を報告した。

担当デスクは野沢哲也、海東英雄が務めた。

最後に、『ルポ　老人地獄』に続き本書の編集を担当してくださった文藝春秋の西本幸恒氏には、たくさんの助言や激励の言葉をいただいた。改めて感謝したい。

二〇一七年二月

朝日新聞東京本社経済部長　小陳勇一

朝日新聞経済部（あさひしんぶんけいざいぶ）
本書の基となった連載「にっぽんの負担」は、2015年8月23日から16年8月29日まで、朝日新聞経済面を中心に掲載した。前著『ルポ 老人地獄』（文春新書）は、日本ではすでに介護・医療・年金制度が機能せず、まともな老後を送ることが難しい人が急増している実態を現場から伝えた。本書はそこから一歩進み、税金による「再分配」の機能不全が、悲惨な老後につながっている構造に迫った。富裕層たちの「タワマン節税」「金の延べ棒の小分け」「海外脱出」といった節税テクニックや、地方自治体に横行する固定資産税の「死亡者課税」「算定ミス」などは、連載当初から大きな反響を呼んだ。取材班は青山直篤、佐藤秀男、菅沼栄一郎、杉浦幹治、高谷秀男、田中聡子、堀内京子、本田靖明、牧内昇平、松浦新の各記者が担当し、デスクは海東英雄、野沢哲也が務めた。

文春新書

1121

ルポ 税金地獄《ぜいきんじごく》

2017年（平成29年）3月20日　第1刷発行

著　者　朝日新聞経済部
発行者　木　俣　正　剛
発行所　株式会社　文　藝　春　秋
〒102-8008　東京都千代田区紀尾井町 3-23
電話（03）3265-1211（代表）

印刷所　理　想　社
付物印刷　大　日　本　印　刷
製本所　加　藤　製　本

定価はカバーに表示してあります。
万一、落丁・乱丁の場合は小社製作部宛お送り下さい。
送料小社負担でお取替え致します。

ISBN978-4-16-661121-8